CE QUE L'HOMME
FAIT À L'HOMME

Du même auteur

Lectures de *L'Esprit des lois* de Montesquieu
Belin, 1987

D'une mort à l'autre. Précipices de la Révolution
Éd. du Seuil, 1989

La Persévérance des égarés
Bourgois, 1992

Spinoza : puissance et ontologie
(sous la direction de M. Revault d'Allonnes et H. Rizk)
Kimé, 1994

Traduction, suivie d'un essai interprétatif
Hannah Arendt, Juger. Sur la philosophie
politique de Kant
Seuil, 1991

MYRIAM REVAULT D'ALLONNES

CE QUE L'HOMME FAIT À L'HOMME

Essai sur le mal politique

ÉDITIONS DU SEUIL
27, rue Jacob, Paris VIe

Ce livre est publié sous la responsabilité de Jean-Louis Schlegel
dans la collection « La couleur des idées »

ISBN 2-02-023702-4

© ÉDITIONS DU SEUIL, SEPTEMBRE 1995

Le Code de la propriété intellectuelle interdit les copies ou reproductions destinées à une utilisation collective. Toute représentation ou reproduction intégrale ou partielle faite par quelque procédé que ce soit, sans le consentement de l'auteur ou de ses ayants cause, est illicite et constitue une contrefaçon sanctionnée par les articles L. 335-2 et suivants du Code de la propriété intellectuelle.

A mon père, Aron Berman

Alors mon grand-père m'a dit – dans sa langue à lui – que les utopies ne conviennent qu'aux fils des dieux. Que les humains sont comme des mouches, et que les histoires qu'on leur raconte doivent être comme le papier tue-mouches. Les utopies sont des feuilles recouvertes d'or, et le papier tue-mouches est enduit de la sécrétion du corps et de la vie de l'homme, et de sa souffrance en particulier. Et notre espoir c'est qu'il soit taillé à la mesure de l'homme, et du pardon.

David Grossmann,
Voir ci-dessous : Amour

Avant-propos

Le désenchantement du monde : c'est encore trop peu de dire qu'aujourd'hui il nous accable. En matière de « chose politique », de quelque manière qu'on l'entende, les réalités ont souvent été scabreuses et il y a bien longtemps qu'on se lamente, qu'on s'indigne, qu'on proteste, qu'on condamne et qu'on résiste. Que la politique soit maléfique, qu'elle charrie avec elle tout un défilé de pratiques malfaisantes, implacables ou perverses, c'est là une plainte aussi vieille que la politique elle-même, une plainte aussi vieille que le monde. La politique est le champ des rapports de force. La passion du pouvoir corrompt. L'art de gouverner est celui de tromper les hommes. L'art d'être gouverné est celui d'apprendre la soumission, laquelle va de l'obéissance forcée à l'enchantement de la servitude volontaire. Personne n'ignore ces banalités, et pourtant elles n'en existent pas moins.

Du mal, depuis qu'on en parle, c'est-à-dire depuis qu'on parle sur la terre, on a dit qu'il s'incarnait historiquement dans le mal du pouvoir. Amos, le prophète d'Israël, stigmatise les crimes commis par les nations : on a labouré les territoires, déporté les captifs, livré les exilés pacifiques, éventré les femmes enceintes. Du tyran, ce « loup à forme humaine », que disent la tragédie et la philosophie grecques ? Esclave de ses désirs et faisant violence à autrui, il est devenu aveugle à lui-même. Il est cette figure du mal où règnent sans partage la tyrannie du désir et celle de la volonté de puissance. Quant au despote, référence quasi obligée de la philosophie politique du XVIIIe siècle, il n'a de pouvoir que fondé sur la crainte qu'il inspire, et lorsque son bras se lève, c'est toujours pour donner la mort. Et si l'on invoque, face à ce versant néfaste, la rationalité réglée des institutions apte à maîtriser le dérèglement des passions, la racine mauvaise du politique ne disparaîtra pas pour autant. Elle trouvera (par exemple) son point d'ancrage dans les désordres de la multitude ou dans la méchanceté humaine, ou encore, tout simplement, dans les paradoxes indépassables dont se nourrissent l'histoire et la politique : voilà qui, en dernier ressort, justifierait, sinon la perversité du pouvoir, du moins le recours à la « gouvernementalité rationnelle » qui se propose d'en venir à bout. Si la politique n'est pas le mal, elle est au moins une rationalité indexée sur le mal, c'est-à-dire une moindre rationalité et un moindre mal.

Cette identification traditionnelle de la politique et du mal n'a cessé d'être l'objet d'un certain nombre de représentations collectives, de fantasmes et de peurs : ainsi, à l'orée de la modernité, l'imaginaire du « machiavélisme », qui absorbait tous les autres modes de la perversité, tous les maléfices. Ce n'était pas seulement que la politique était alors déclarée mauvaise : c'est qu'elle était l'incarnation hyperbolique du mal, son abcès de fixation, le *kingdom of darkness*. Or, à cette radicalisation négative a répondu une radicalisation symétrique et inversée : celle qui a accompagné la politique lorsqu'elle s'est voulue non plus emprise maléfique de l'homme sur l'homme, mais réformation et œuvre de salut. Lorsque, à la politique moderne (et plus particulièrement à la politique révolutionnaire), s'est trouvée impartie la tâche de changer le monde et de changer la vie, alors la « sainteté » a investi l'œuvre politique et la politique est devenue l'abcès de fixation de la volonté du bien : le *kingdom of lightness*.

A cette perpétuelle oscillation entre les deux pôles de la déchéance ou de l'exaltation, du rejet dans les ténèbres ou de la foi sécularisée, de l'identification au mal ou du renversement dans le bien (encore que l'« horreur de la politique » soit devenue, à la faveur des phénomènes totalitaires, un motif récurrent et que l'annonce d'une fin de la politique l'emporte désormais sur l'attente de la promesse), la pensée libérale a prétendu échapper lorsqu'elle a abaissé en quelque sorte le point de mire et fait de la protection des « droits naturels » de l'homme sa finalité dernière. A faire de la politique un instrument destiné à garantir la satisfaction des besoins et de la sécurité des individus, on feint de se situer *en deçà* du bien et du mal, en deçà de l'alternative d'une politique « diabolisée » ou d'une politique « sanctifiée ». Car, dans cette perspective, la constitution formelle du domaine public est « précédée » en quelque sorte par l'existence (postulée) d'un sujet prétendument autonome, porteur de droits préalables, et la dimension politique se voit en définitive rejetée hors du champ de réalisation de la liberté, autrement dit hors du *risque* de la liberté. C'est en ce sens que la pensée libérale fait culminer, à sa manière, la contradiction de la politique et de la liberté : le règne de la liberté commence là où s'achève celui de la politique et la liberté s'exerce lorsqu'elle se libère de la politique. Et, à supposer que nous puissions énoncer le rapport de la politique et de la liberté sous la forme d'une contradiction un peu moins intraitable, la liberté, dans de telles conditions, n'est liberté que pour autant qu'elle nous assure et nous garantit – au moins – la possibilité de nous libérer de la politique.

Et pourtant, toutes ces considérations, « aggravées » (préférons, par pudeur, la litote à son contraire) par les expériences politiques du siècle, avaient-elles jamais, jusqu'à présent, empêché l'angoisse, la colère, la révolte et l'espoir de prendre corps, de trouver place dans le monde et d'y revêtir une forme identifiable ? Même si la politique se dit dans ce langage qui n'est pas (et ne sera jamais) la « prose du vrai », même si elle ne maîtrise pas le sens qui advient, même si elle vacille, erre et se fraye un chemin dans la fureur et la désolation, elle parle (elle *nous* parle) tant qu'elle peut encore s'adresser « à ceux qui naîtront après nous ». En 1960, il se trouvait déjà quelqu'un – mais il semble que bien peu ont voulu l'entendre – pour constater que « tout ce qu'on croyait pensé et bien pensé » était en ruine : « la liberté et les pouvoirs, le citoyen contre les pouvoirs, l'héroïsme du citoyen, l'humanisme libéral – la démocratie formelle et la réelle, qui la supprime et la réalise, l'héroïsme et l'humanisme révolutionnaire... ». Mais il restait à Merleau-Ponty, car c'est de lui qu'il s'agit, la ressource de croire que d'autres, plus jeunes, passeraient outre ce qu'il appelait « désordre et ruine », qu'ils ne chercheraient plus leurs références là où son temps les avait prises et que leur attente était un espoir qui s'ignore.

Brecht, auteur du poème intitulé « A ceux qui naîtront après nous », avait lui aussi toutes les raisons de solliciter l'indulgence pour la façon dont avait passé le temps qui lui avait été donné sur la terre :

> Vous qui émergerez du flot
> Dans lequel nous aurons sombré,
> Pensez
> Quand vous parlerez de nos faiblesses
> Aux sombres temps
> Dont vous serez sortis.
> [...]
> Pensez à nous
> Avec indulgence.

Tout comme Merleau-Ponty, Brecht pouvait encore s'adresser à ceux qui naîtraient après lui. Non pour se disculper (c'est exactement le contraire, et il n'est pas question ici de bonne conscience, encore moins d'autojustification idéologique), mais parce que le souci du monde, quelle que fût sa nature, n'était pas, à ses yeux, menacé dans sa permanence. Le fil des générations – il était encore permis à Brecht de l'espérer – n'était pas vraiment rompu : aussi y avait-il un sens à demander miséricorde pour ceux qui avaient voulu « préparer le terrain pour un monde amical » mais n'avaient pas réussi à « être amicaux ». D'autres pourraient venir après eux qui donneraient à l'« amitié » un contenu différent. Cela suffisait peut-être pour que le monde soit encore présent à lui-même, qu'il ne devienne pas totalement inhumain ou, pour parler comme Hannah Arendt, *acosmique*. Car le monde devient inhumain ou acosmique lorsque se défait l'entrelacs que les hommes ont tissé, lorsque s'éparpille la durée où ils entretiennent leurs conversations infinies et qu'il ne reste plus aucune trace des paroles depuis longtemps expirées, lorsque enfin – faute d'avoir encore en partage assez de mots intelligibles – ils se demandent ce qu'aux tard venus ils pourraient bien léguer.

Notre temps n'est sans doute pas le premier à s'être désigné comme un amoncellement de décombres. Il y a vingt siècles, Tacite, historien de la Rome impériale, entreprend une œuvre qu'il dit nourrie par la violence et le malheur : « féconde en catastrophes, ensanglantée de batailles affreuses, de discordes et de séditions, et féroce au sein même de la paix ». Mais si les fins de siècle ont souvent été exsangues, elles n'ont pas toujours été désenchantées : il restait parfois la ressource de raviver la trace impérissable qui leur faisait passer outre le sentiment de la ruine. Tacite encore : « Ce siècle cependant ne fut pas à ce point stérile en vertus qu'il n'ait produit aussi de beaux exemples. »

Qu'est-ce donc que notre siècle a ajouté à ce qu'on a toujours su de la terrifiante quantité de méfaits que les hommes sont capables de commettre ? Qu'a-t-il apporté d'inédit à ce qu'on a toujours su (ou cru savoir) de ce que l'homme peut faire à l'homme ? Et d'où vient que cet impensable qu'il nous a légué, beaucoup – feignant de s'en tenir quittes – s'obstinent et même s'acharnent, chacun à sa façon, à le reverser dans l'impensé ?

« Lorsqu'on regarde l'homme dans les yeux – alors on regarde une nuit qui devient *effroyable* – ici vous tombe dessus la nuit du monde. » Parce que le siècle qui s'achève est celui où nous est tombée dessus la nuit du monde, nous savons à présent que le tragique a investi l'histoire comme *terreur* et non pas (ainsi que l'avait énoncé Hegel, à qui l'on doit par ailleurs cette phrase hallucinée sur l'effroi de la nuit) comme *destin*. Ce n'est pas le *fatum* qui, en vérité, nous pose problème, c'est le *deînon* de l'antique tragédie grecque. Et donc ce n'est pas tant notre Soi devenu ennemi que nous affrontons – l'humain devenu inhumain par l'irréductible opposition de la particularité subjective et d'un dehors devenu étranger. Car la politique ne serait alors que la puissance irrésistible à laquelle l'individualité devrait se plier, et l'énigme du politique se résoudrait dans le tragique de la scission. Le destin pourrait bien être dit « terrible » : cette terreur serait avant tout celle d'une éternelle nécessité.

Mais avec la « nuit du monde », il y va de cette terreur spécifique qu'est la dangerosité assignée à l'homme par le premier chœur de l'*Antigone* de Sophocle : « Nombreux sont les *deîna* de la nature, mais de tous le plus *deînon*, c'est l'homme. » Il y a en ce monde bien des choses inquiétantes, mais rien n'est plus inquiétant que l'homme.

Donc, le tragique a investi l'histoire comme terreur bien plus que comme destin, et le *terrible* a pris le visage de ce que l'homme fait à l'homme et qui est pire que la mort. Cette question est fondamentalement une question *politique* : elle est peut-être, désormais, *la* question politique par excellence. Ce que l'homme fait à l'homme – en anéantissant l'humain avant de porter atteinte à la vie – passe la mort qu'il lui inflige. Mais ni les maux de la domination ni ceux de la servitude, ni les raisons de l'héroïsme ni celles de la bassesse, ni le goût de tuer ni celui de mourir ne permettent d'appréhender l'expérimentation politique d'un siècle qui a fait remonter l'enfer à la surface de la terre. L'enfer, installé sur la terre *avant* et non *après* la mort, c'est ce lieu où la vie disparaît alors que l'homme est encore vivant, où le matériau humain – qui n'a plus rien d'« humain » – se traîne interminablement dans l'attente d'une mort qui n'est même plus une mort, en sorte qu'on ne sait plus très bien si ledit matériau convient à l'animal, à la bête sauvage ou à l'homme.

Et pourtant, cette singularité, il faut au moins que nous essayions de l'« approcher » : car si nous y renonçons, nous ne lirons jamais dans le monde que les signes de la lassitude et de la défaite. Figés dans l'attente de nos désespoirs à venir, de nos manquements à l'avance acceptés, de nos prévisibles repentirs, nous serons voués irrémédiablement à la *honte* du monde.

« Pourquoi le thème des camps ? », se demande Chalamov, qui passa sous le ciel de la Kolyma seize ans du temps qui lui avait été donné sur la terre. Sa réponse est claire : « *Le thème des camps dans son principe, et dans une large acception, est aujourd'hui le problème fondamental.* L'anéantissement de l'homme, orchestré par l'État, n'est-ce pas le problème majeur de ce temps, sans parler de la morale qui en découle et s'insinue dans les mentalités et dans chaque famille ? Ce problème est incontestablement plus crucial que celui de la guerre [1]. » On aura beau qualifier de « médiocre » la catégorie de (ou des) totalitarisme(s), on n'enlèvera jamais à l'expérience des « camps » sa *validité exemplaire*, au sens où l'entendaient Kant puis Hannah Arendt : celle d'une singularité qui révèle en et par elle-même la généralité qu'on ne pourrait sans doute pas déterminer autrement.

Toute la « littérature des camps » – de Primo Levi à Chalamov – est, au fond, habitée par une seule et unique question : qu'est-ce que le genre humain ? Il est possible – cela a existé – que des hommes survivent qui n'ont plus rien d'humain, dont l'« humanité » (tout au moins celle que nous pourrions « reconnaître » et à laquelle nous pourrions nous identifier) a été détruite : soit parce qu'ils ont été transformés en spécimens d'une « sorte » d'espèce humaine, soit parce que leurs agisse-

---

1. Varlam Chalamov, *Tout ou Rien*, Paris, Verdier, 1993 (je souligne).

ments ne sont pas imputables à des causes ou à des motifs que la reconnaissance du semblable nous permettrait de comprendre. Mais ce sont les deux faces d'une même médaille : des hommes ordinaires, *comme* vous et moi, parviennent à rester en vie après qu'ils ont cessé d'être *du* monde, après qu'ils ont tout désappris des sentiments, des intérêts et des réactions ordinaires. Ils ont été transformés en un « matériau » semblable au *permafrost*[1] et pourtant ils survivent. C'est à peine si la dénomination de « victimes » et de « bourreaux » leur convient encore : il faudrait pour cela qu'une mesure leur soit commune, celle de l'agir et du subir, de la souffrance qu'on inflige et de la souffrance qu'on endure. Or tous les récits convergent : ce lien minimal a été rompu. Le détenu – le *Häftling* de Primo Levi, le *zek* de Chalamov – a été installé en dehors de la sphère d'obligation et de responsabilité humaine : le « supérieur » ne risque donc pas d'être gêné par le sentiment d'appartenir à la même humanité[2].

La question éthique et politique, c'est encore Chalamov qui l'énonce avec la plus grande rigueur : « Est-ce leur présent à eux qui est bestial, ou est-ce le présent de l'homme ? » De cette question, dont il semble bien qu'elle impose la nécessité d'une nouvelle généalogie des rapports de la politique et du mal, nul

---

1. Le *permafrost* est la couche du sol et du sous-sol qui ne dégèle jamais. La référence, explicite et implicite, au *permafrost* traverse de part en part *Les Récits de la Kolyma*.
2. La question est au centre de l'ouvrage, récemment publié en France, de Christopher Browning, *Des hommes ordinaires*, Paris, Les Belles Lettres, 1994. En suivant pas à pas l'itinéraire du 101e bataillon de réserve de la police allemande, chargé entre juillet 1942 et novembre 1943 d'exterminer la population juive dans une partie du district de Lublin, Browning met en évidence que ni la composition sociologique de ce bataillon de la police régulière (en provenance, majoritairement, de la ville de Hambourg), ni l'âge, ni l'engagement idéologique, ni les déterminations psychologiques individuelles ne rendent compte du meurtre de masse accompli par des hommes absolument ordinaires. Aucun d'entre eux n'était particulièrement enclin à la violence et aucun d'entre eux n'avait été non plus spécialement « sélectionné » pour cette tâche. Et pourtant, la plupart sont devenus des tueurs en perdant pratiquement tout sentiment de responsabilité à l'égard de l'humanité.

ne peut se tenir quitte. Pourtant, entre l'expérience (que nous n'avons pas vécue) et le récit qui nous parvient, la distance est infranchissable : nous ne savons pas vraiment ce qui est terrible ni ce qu'est le terrible. Non seulement l'horreur isole, mais elle anesthésie en provoquant parfois chez le lecteur ou le spectateur une sorte d'hébétude devant l'« insupportable ». Cependant, ce n'est pas ce que recherche le témoignage : il ne dispense pas de penser l'impensable, il ne vise pas à submerger sous l'émotion. Il voudrait faire comprendre que les gens « normaux » se savent mortels mais que, pour eux, « le morceau de pain n'est pas immédiatement ce qui fait reculer la mort » (Antelme, *L'Espèce humaine*). Ou encore qu'il est absurde de mentionner la couleur des yeux des détenus, car à la Kolyma « les yeux sont sans couleur » et l'absence de couleur est « une réalité propre à cette vie-là »[1].

Ce monde des camps d'où on nous a parlé – et dont on nous a parlé – nous est infiniment proche parce que des hommes l'ont habité qui avaient été nos semblables. Mais c'est aussi un *autre* monde, absolument autre, parce que tout y a été possible : une vie qui n'est qu'épuisement, une mort qui n'est même pas une délivrance, une innocence monstrueuse qui

---

1. Il ne faut jamais oublier que ceux qui en sont revenus étaient déchirés entre le désir incoercible de raconter leur expérience et le sentiment que leur récit serait littéralement incrédible. Dans *Les Naufragés et les Rescapés* (Paris, Gallimard, 1989), Primo Levi rapporte le rêve nocturne qui revenait fréquemment chez de nombreux détenus : « ils se voyaient rentrés chez eux, racontant avec passion et soulagement leurs souffrances passées en s'adressant à un être cher et ils n'étaient pas crus, ils n'étaient même pas écoutés. Dans sa forme la plus typique (et la plus cruelle), l'interlocuteur se détournait et partait sans dire un mot ». Dans l'un des *Récits de la Kolyma*, intitulé « Oraison funèbre », les prisonniers, assis près du poêle un soir de Noël, rêvent à ce qu'ils pourraient faire s'ils étaient libérés : rentrer à la maison, manger un bon repas, ramasser des mégots. Mais Chalamov, lui, ne voudrait pas retrouver sa famille. « Là-bas, ils ne comprendront jamais, ils ne peuvent pas comprendre. Tout ce qui leur paraît important, je sais que c'est du vent. Ce qui est important pour moi, ce peu qui m'est resté, ils ne peuvent ni le comprendre ni le ressentir. Je leur apporterais un effroi supplémentaire, une terreur de plus parmi les milliers de terreurs dont leur vie est faite. Ce que j'ai vu, l'homme ne devrait pas le voir, ni même le connaître... »

ressemble à la culpabilité, et une culpabilité qui se dissout dans la routine du conformisme et de l'obéissance. Et ce monde est le produit d'une « politique ».

C'est de la *banalité du mal*, cette expression si forte mais dont le sens a été usé avant même d'avoir été compris, que je suis partie pour tenter d'approcher, politiquement parlant, ce que l'homme peut faire à l'homme. Car ce que l'homme fait à l'homme (et le plus souvent chacun des deux est sans visage) désigne la virtualité toujours présente du *mal politique*. Et si, pour comprendre le présent, j'ai eu recours à des lectures du passé, si je suis remontée d'Arendt à la problématique kantienne du mal radical puis au singulier « nouage » de la matière tragique et de la capacité d'institution politique chez Aristote, pour, finalement, en revenir à la « radicalité » des Modernes, c'est parce qu'une tradition peut toujours se révéler inaccomplie et donc vivante. En rouvrant le passé, on ravive un mode d'expérience possible, on ne restaure pas un modèle. On ne trouvera donc ici ni un « retour à Kant » ni un « retour à Aristote ». Ce serait, comble de dérision, octroyer à la *philosophia perennis* le privilège d'éviter le monde en le préfigurant. Mais, à titre de fil conducteur, on y trouvera peut-être l'idée d'une *humanité* dénuée de toute prétention à l'innocence, et donc débarrassée du sentimentalisme qui la voue à une sempiternelle impuissance : rendue au mal de la liberté (de sa liberté) et donc à sa capacité d'agir.

1
Banalité du mal ?

La violence des controverses qui ont accompagné la parution de l'ouvrage de Hannah Arendt, *Eichmann à Jérusalem : rapport sur la banalité du mal*[1], a peut-être, tel un rideau de fumée, occulté la vraie nature du défi lancé par l'hypothèse d'une « banalité du mal ». Le propos n'est pas ici de revenir sur les éléments de la polémique ni sur les accusations portées à l'encontre d'Arendt. On lui a fait grief de sa froideur, de son insensibilité, de son « arrogance ». On a incriminé le ton prétendument détaché avec lequel elle parlait des victimes, l'absence de cœur, si ce n'est l'inconvenance, qui accompagnait un sujet si douloureux. Et surtout son insistance, malveillante au dire de certains, sur la part prise par les Conseils juifs eux-mêmes dans le processus de concentration, déportation et extermination.

Mais l'essentiel n'est pas là : il s'énonce plutôt dans l'invite, clairement formulée par Gershom Scholem, à réélaborer ce qui frappe, dit-il, comme un « slogan » et à produire un « concept qui trouve sa place en philosophie morale et en éthique politique »[2]. En quel sens, de quel droit (selon la *quaestio juris*

---

1. *Eichmann in Jerusalem : A Report of the Banality of Evil*, New York, The Viking Press, 1963 ; trad. fr. *Eichmann à Jérusalem : rapport sur la banalité du mal*, Paris, Gallimard, 1966.
2. Je renvoie ici à l'échange de lettres entre Arendt et Scholem à la suite de la publication d'*Eichmann à Jérusalem*, publié en français dans *Fidélité et Utopie*, Paris, Calmann-Lévy, 1978 ; la remarque citée se trouve page 221 de la traduc-

kantienne), sous quelles conditions en effet est-on fondé à parler d'une *banalité* du mal s'il est vrai que nous ne cessons de rencontrer la question du mal comme une énigme et comme un scandale ? Si « percutante » – comme le reconnaissait Jaspers – que soit l'expression, elle ne demeure qu'une expression paradoxale, propre à toutes les méprises et à toutes les mésinterprétations, aussi longtemps que la réflexion ne l'a pas élucidée et, si possible, élevée au rang d'un concept opératoire.

A cet égard, les précisions ou les explicitations fournies par Arendt sont loin d'être satisfaisantes. Elle n'a jamais véritablement répondu à la demande de Scholem ni à celle, infiniment plus bienveillante, de Jaspers, qui l'incitait à approfondir philosophiquement la question sous-jacente à la formule qu'elle avait appliquée à Eichmann : « Qu'est-ce que le mal ? »

Dans son dernier ouvrage, *La Vie de l'esprit*, elle reconnaît que le motif de la « banalité du mal » ne recouvrait « ni thèse ni doctrine » en dépit du fait, confusément ressenti, qu'il prenait à rebours la pensée traditionnelle (littéraire, théologique, philosophique) sur le problème du mal. Il la prenait à rebours car il interdisait toute dimension démoniaque ou diabolique, toute méchanceté essentielle, toute malfaisance innée et, plus généralement, tout mobile ancré dans la dépravation, la convoitise et autres passions obscures : tout ce que donne à voir, par privilège, le drame shakespearien. Revenant sur le personnage d'Eichmann, elle réaffirme qu'il y avait en lui un « manque de profondeur évident », en sorte que le mal indéniable, absolu, extrême, qui organisait ses actes ne pouvait être dit « radical ».

---

tion française. « Cette nouvelle thèse, écrit Scholem, me frappe comme un slogan ; elle ne me paraît pas, à coup sûr, le fruit d'une profonde analyse du genre de celle que vous avez donnée de façon si persuasive au service d'une thèse toute différente et même contradictoire dans votre livre sur le totalitarisme... Peut-être plus qu'un slogan, [elle] devrait faire l'objet d'une recherche, à un niveau sérieux, comme un concept qui trouve sa place en philosophie morale et en éthique politique. »

Il était en effet impossible de remonter jusqu'à l'enracinement de ses intentions ou de ses raisons, car elles faisaient tout simplement défaut. « Les actes étaient monstrueux, mais le responsable – tout au moins le responsable hautement efficace qu'on jugeait alors – était tout à fait ordinaire, comme tout le monde, ni démoniaque ni monstrueux. » Il n'y avait en lui ni « convictions idéologiques solides » ni « motivations spécifiquement malignes, et la seule caractéristique notable qu'on décelait dans sa conduite, passée ou bien manifeste au cours du procès et au long des interrogatoires qui l'avaient précédé, était de nature entièrement négative : ce n'était pas de la stupidité, mais un manque de pensée »[1].

Ce qui est donc qualifié de « radical », c'est ce qui a trait, d'une manière ou d'une autre, à la « profondeur » des racines ou des motifs : profondeur du démoniaque, de la volonté perverse, de la méchanceté essentielle, des passions malfaisantes. Et à la radicalité du mal ainsi entendue, Arendt oppose alors la condition d'un homme médiocre, dépourvu de motivations, caractérisé par l'absence de pensée et l'usage constant d'un langage stéréotypé, de clichés standardisés propres à le garder des atteintes de la réalité. Or nous savons que cet homme « ordinaire » (dont Eichmann serait en quelque sorte le prototype concret) est d'abord le produit d'un système dont Arendt avait déjà analysé l'émergence et le déploiement. Dans *Le Système totalitaire*[2], elle avait qualifié de « radical » – en se référant cette fois à Kant et non au critère de la « profondeur » – ce mal absolu qui procède de l'hypothèse que « tout est possible », y compris l'idée que les hommes sont superflus. Or, si elle inscrit la « banalité » de l'individu Eichmann dans la continuité de ce mal politique et dans la conformité aux monstrueuses exigences de la domination totalitaire, elle

---

1. *La Vie de l'esprit*, t. 1, *La Pensée*, Paris, PUF, 1981, p. 18-19.
2. *Le Système totalitaire* constitue la troisième partie des *Origines du totalitarisme* (*The Origins of Totalitarianism*, 1951). La traduction française est parue en 1972 aux éditions du Seuil, dans la collection « Points Politique ».

abandonne désormais le concept de « mal radical » au profit de la « banalité du mal ». Ce qu'elle énonce sans détour dans sa réponse à Scholem : « Vous avez tout à fait raison : j'ai changé d'avis et je ne parle plus de "mal radical"... A l'heure actuelle, mon avis est que le mal n'est jamais "radical", qu'il est seulement extrême, et qu'il ne possède ni profondeur, ni dimension, ni démoniaque. Il peut tout envahir et ravager le monde entier précisément parce qu'il se propage comme un champignon. Il "défie la pensée", comme je l'ai dit, parce que la pensée essaie d'atteindre à la profondeur, de toucher aux racines, et du moment qu'elle s'occupe du mal, elle est frustrée parce qu'elle ne trouve rien. C'est là sa "banalité". Seul le bien a de la profondeur et peut être radical[1]. »

Pourquoi ce revirement ? Si péremptoire qu'en soit le ton, si tranchée que soit l'affirmation, le texte n'emporte pas d'emblée la conviction. Trois incertitudes, au moins, font obstacle à l'intelligibilité : les équivoques de la *radicalité*, le motif de la *profondeur*, la question du défi porté par le mal à la *pensée*. En sorte que Scholem était peut-être fondé à regretter l'abandon d'une thèse qu'il jugeait forte et « persuasive » au profit d'une notion ambiguë et sujette à méprises, faute d'avoir été suffisamment argumentée. Fallait-il récuser le concept de « mal radical » pour mettre en évidence la « banalité » ou la « normalité » de ses auteurs, et tenir le paradoxe terrifiant que des hommes ordinaires peuvent commettre (mais dans quelles conditions ?) un mal monstrueux, jusque-là inconnu, donnant ainsi lieu à ce nouveau type de criminel qu'est l'« ennemi du genre humain » : *hostis humani generis* ?

---

1. *Fidélité et Utopie, op. cit.*, p. 228.

De la radicalité à la banalité du mal

Dans *Le Système totalitaire* – mais déjà dans les textes de l'immédiat après-guerre [1] –, la normalité (d'abord sociologique) des complices, des exécutants et des chefs est tenue par Arendt pour constitutive de la logique de mobilisation totale puis du meurtre de masse. Si, à l'origine, les formations chargées de la terreur étaient composées d'individus au passé criminel, de déclassés et de gangsters, s'il revint, dans les premiers temps du régime nazi, au sadisme et à la bestialité des SA d'exercer le monopole des tortures et de la garde des camps de concentration, l'amplification du système et l'organisation de la machine de massacre administratif furent ensuite mises en œuvre non par quelques dizaines de milliers de criminels monstrueux, mais par des agents qui, *a priori*, moralement et socialement, ne différaient en rien du reste de la population. Comme le souligne Hilberg, des « individus parfaitement ordinaires allaient accomplir un travail qui, lui, ne l'était pas [2] ». Les remarques d'Arendt vont, dès 1944, dans le même sens : « N'importe quel membre de la Wehrmacht peut être affecté aux tâches du massacre [3]. » « Pour saisir toute la portée de ce que firent ces hommes, nous devons comprendre que nous n'examinons pas des individus agissant selon leurs critères moraux personnels. Les bureaucrates qui furent pris dans le processus de destruction n'étaient pas, sur le plan moral, différents du reste de la population. [...] Nous savons que la nature même de la planification administrative, de la structure juridictionnelle et du

---

1. Voir en particulier le texte intitulé « La culpabilité organisée », rédigé en novembre 1944 en Amérique et publié en traduction anglaise en janvier 1945 dans la revue *Jewish Frontier* ; trad. fr. in *Penser l'événement*, Paris, Belin, 1989, p. 21-34.
2. Raul Hilberg, *La Destruction des Juifs d'Europe*, Paris, Fayard, 1988, p. 856-857.
3. « La culpabilité organisée », in *Penser l'événement, op. cit.*, p. 22.

système budgétaire écartait toute sélection et formation spéciale du personnel. N'importe quel membre de la Police d'ordre pouvait être affecté comme garde dans un ghetto ou un train. N'importe quel juriste de l'Office central de sécurité du Reich était censé pouvoir occuper un poste de commande dans les unités mobiles de tuerie. N'importe quel expert financier de l'Office central économique-administratif pouvait être normalement nommé dans un camp de la mort. En d'autres termes, toutes les opérations nécessaires s'accomplissaient avec le personnel qu'on avait sous la main. De quelque manière qu'on veuille tracer les limites de la participation active, la machine de destruction constituait un remarquable échantillon de la population allemande. Toutes les professions, toutes les spécialisations, tous les statuts sociaux y étaient représentés [1]. »

Ce constat est d'abord celui d'une normalité sociologique et statistique : échantillon représentatif de la population globale, dit le texte. « N'importe qui » pouvait être affecté à « n'importe quelle » tâche : bien entendu, entre les deux, tout bascule de façon abyssale. Mais nous n'en sommes pas encore à l'examen des procédures et des automatismes de tous ordres qui

---

1. Hilberg, *La Destruction des Juifs d'Europe*, *op. cit.*, p. 871-872. On trouve par ailleurs dans cet ouvrage de très nombreuses informations sur la composition des *Einsatzgruppen* (groupes chargés des opérations mobiles de tuerie). Les officiers des *Einsatzgruppen* provenaient dans leur grande majorité des professions libérales ou assimilées, voire des milieux artistiques : de nombreux juristes, des médecins et même un chanteur d'opéra. « Ces hommes n'étaient en aucune manière des voyous, de quelconques délinquants, des malfaiteurs professionnels, ni des maniaques sexuels. La plupart étaient des intellectuels, âgés le plus souvent de trente à quarante ans ; ils aspiraient certainement à quelque pouvoir, renommée et réussite, mais rien n'indique qu'aucun d'eux ait volontairement cherché à se faire affecter dans un Kommando. Ils mirent au service de leur nouvelle tâche toutes leurs capacités et toute leur expérience. Bref, ils devinrent des tueurs efficaces » (p. 250). Quant aux subalternes des unités mobiles, si tous avaient reçu une formation idéologique, « aucun ne s'était porté volontaire pour tuer des Juifs. La plupart s'étaient retrouvés dans les rangs des tueurs du simple fait qu'ils étaient inaptes au service armé. Ce n'étaient nullement de jeunes irresponsables, mais des hommes relativement âgés et dont beaucoup avaient déjà assumé la charge d'une famille » (p. 285).

ont rendu possible puis transformé en exercice routinier la « tâche » en question.

Quant au « génie organisateur du meurtre », à savoir Himmler lui-même, Arendt souligne, dès 1944 toujours, son apparent souci de respectabilité, ses allures bourgeoises, ses habitudes de bon père de famille, etc. Ni bohème, ni criminel sexuel, ni sadique, ni fanatique perverti, pas même aventurier. Fils d'un professeur devenu proviseur de lycée, son enfance fut bourgeoise et conventionnelle. Il témoigna très tôt d'un grand conformisme et d'une tendance marquée à la méticulosité. Conservateur, traditionaliste et patriote, son antisémitisme, observe encore Hilberg, ne se développa cependant que très lentement [1].

De plus, le « présupposé conscient » qui guidait son action était que la plupart des gens « ne sont ni des bohèmes ni des fanatiques, ni des aventuriers, ni des sadiques ni des illuminés, ni des ratés, mais avant tout des employés consciencieux et de bons pères de famille [2] ». Et la lettre en date du 5 mai 1942, citée par Hilberg, de ce sergent de la police rurale chargé, à la tête de vingt-trois gendarmes allemands et de cinq cents auxiliaires ukrainiens, de procéder à des tueries massives de Juifs d'Ukraine confirme, semble-t-il, le bien-fondé de l'hypothèse de Himmler : « Naturellement, nous épurons beaucoup, surtout parmi les Juifs […]. J'ai un appartement confortable dans un ancien hospice d'enfants. Une chambre et un salon avec tout ce qu'il faut. Il ne manque presque rien. Sauf, naturellement, ma femme et les enfants. Tu me comprendras sûrement. Mon Dieter et la petite Lise écrivent souvent, à leur manière. Il y a parfois de quoi pleurer. Ce n'est pas bon d'aimer autant les enfants. J'espère que cette guerre, et avec mon affectation dans l'Est, va bientôt finir [3]. »

Ainsi va la banalité de l'homme « ordinaire » lorsqu'elle

---

1. *Ibid.*, p. 175.
2. *Le Système totalitaire, op. cit.*, p. 65. Voir également *Penser l'événement, op. cit.*, p. 29-30.
3. *La Destruction des Juifs d'Europe, op. cit.*, p. 877.

compose non seulement avec la logique de la domination totale, mais avec la réalisation d'une criminalité massive et inédite. Certes, de cette « normalité » (disons-la pour le moment sociale et statistique), ne procède pas immédiatement une disposition inconditionnelle à la docilité et à la soumission. Sur ce problème, il faudra revenir dans les termes d'une analyse éthique et politique. Mais nous sommes aujourd'hui passibles d'une question incontournable autant que scandaleuse – ce genre de questions à peine audibles que les rideaux de fumée servent à dissimuler : combien de temps faut-il, par exemple, à une personne ordinaire pour vaincre sa répugnance innée au crime ? A quoi il faut ajouter : comment, par quelles procédures de neutralisation de la conscience éthique et politique, lui fait-on vaincre cette répugnance ? Comment s'installe-t-on dans ce sentiment d'évidence amorphe et anesthésiée décrit par la phrase de Speer : « nous n'avons jamais eu l'idée de mettre en doute l'ordre des choses » ?

C'est de cet ordre des choses, peuplé de la banalité des hommes ordinaires, qu'a pourtant surgi « un mal radical, inconnu de nous auparavant ». Les camps de concentration et d'extermination – ces « laboratoires » de la domination totalitaire – en ont été la figure aboutie. Des analyses désormais classiques du *Système totalitaire*, on retiendra avant tout cette présupposition fondamentale (la formule est empruntée à David Rousset) : ici, « tout est possible ». Bien au-delà du « tout est permis » – qui maintient implicitement présente la référence inversée à la loi et à l'interdit –, on s'applique désormais à fabriquer et à expérimenter, sans entraves ni limites, une humanité totalement « dénaturée », d'une repoussante étrangeté, soustraite au monde des vivants comme à celui des morts. Soustraite, donc, aux critères de reconnaissance du semblable par le semblable, c'est-à-dire à la possibilité même de l'identification. Sur ce dernier point, quelque chose affleure, tout juste esquissé dans le texte d'Arendt, à quoi on n'a porté jusqu'ici que peu d'attention. Car on a plutôt privilégié ce qui était accessible (tolérable) à l'entendement et « politiquement » intelligible : à savoir les étapes du processus qui mène à la « préparation » de morts vivants privés de toute spontanéité, puis à la fabrication massive de cadavres *stricto sensu*. C'est ainsi que ledit processus s'accomplit en trois étapes : anéantissement, en l'homme, de la *personnalité juridique* par la mise hors la loi de certaines catégories et de certains groupes humains ; puis meurtre de la *personne morale* : toute solidarité rendue in-signifiante, tout individu dépossédé, par l'anonymat, de sa propre mort et, rétrospectivement, du sens de son existence passée, tout choix individuel, toute décision consciente relative au bien et au mal rendus pratiquement impossibles ; enfin, annulation de la *singularité*, de l'unicité unique de chaque homme, réduit à n'être plus qu'un spécimen de l'animal humain. Toute *spontanéité* – à savoir la capacité qui est en l'homme de commencer quelque chose de neuf à partir de ses propres ressources et du seul fait d'être né – étant ainsi abolie, le système triomphe dans la soumission de victimes annihilées avant même qu'au dernier moment elles ne marchent à la mort. Tel est le sens ultime de la « superfluité » : est superflu tout ce qui excède les réflexes instinctifs d'une espèce animale – l'espèce animale humaine. L'homme comme spontanéité, doué d'une capacité d'initiative, apte à accomplir l'imprévisible et l'improbable, est de trop. Et c'est en tant qu'ils sont potentiellement réduits à n'être que des échantillons interchangeables que *tous* les hommes, sans exception, peuvent devenir superflus, sans dommage pour l'espèce. Aussi doivent-ils être dépossédés du sens singulier de leur mort et de leur vie, dans un « monde du mourir » qui est aussi, sinistrement, un mode de vie : là où la culpabilité vaut pour l'innocence et vice versa, où le crime n'appelle pas le châtiment, où basculent de façon vertigineuse les repères de la cohérence et de l'incohérence, bref, là où il « n'y a pas de pourquoi ». En sorte qu'à la question « Est-ce que je peux vous demander pourquoi la chambre à gaz ? » ne peut répondre que cette autre question : « Pourquoi êtes-vous né ? »

Or l'accomplissement systématique du « tout est possible » a pour nom le « mal radical ». L'impossible – ou ce qu'on croyait tel – est devenu possible, et ce mal nouveau, « impunissable autant qu'impardonnable », échappe aux références, aux explications, aux interprétations qui nous étaient peu ou prou familières. Car ne peuvent en rendre compte, de près ou de loin, « les viles motivations de l'intérêt personnel, de la culpabilité, de la convoitise, du ressentiment, de l'appétit de puissance et de la couardise ; celui [le mal] par conséquent que la colère ne pouvait venger, que l'amour ne pouvait endurer, ni l'amitié pardonner. De même que les victimes, dans les usines de la mort, ne sont plus "humaines" aux yeux de leurs bourreaux, de même cette espèce entièrement nouvelle de criminels est au-delà des limites où la solidarité humaine peut s'exercer dans le crime [1] ».

Qu'est-ce que cet « au-delà » de l'humain si ce n'est l'au-delà de la reconnaissance du semblable par le semblable, par l'imagination et la sympathie expansive qui à la fois nous portent vers autrui et nous font exister à ses yeux ? Car lorsqu'on évoque les détresses de notre siècle – le franchissement de la limite qui a « autorisé » certains à décider que d'autres n'habiteraient plus ce monde et que, après avoir été mis hors la loi, ils mourraient « comme des choses qui n'auraient ni corps ni âme, ni même un visage sur lequel la mort aurait pu apposer son sceau [2] » – on évoque une expérience qui a précisément

1. *Le Système totalitaire*, op. cit., p. 200-201.
2. Hannah Arendt, « L'image de l'enfer », in *Auschwitz et Jérusalem*, Paris, Deux Temps Tierce, 1991, p. 152. Ce texte, publié en 1946, est l'un des plus bouleversants et des plus chargés d'émotion qu'ait écrits Arendt (qu'on accusa souvent par ailleurs de sécheresse de cœur et d'arrogance, notamment à propos du procès Eichmann). Voici en quels termes elle parle de l'extermination des Juifs : « Puis vinrent les usines de la mort et tous moururent ensemble : jeunes et vieux, faibles et forts, malades ou en bonne santé ; ils moururent non en qualité d'individus, c'est-à-dire d'hommes et de femmes, d'enfants ou d'adultes, de garçons et de filles, bons ou méchants, beaux ou laids, mais ils furent réduits au plus petit dénominateur commun de la vie organique, plongés dans l'abîme le plus sombre et le plus profond de l'égalité première ; ils moururent comme du

anéanti le « sens de la communauté ». Un tel sens, qui manifeste l'humanité même de l'homme – ce en quoi, pour parler en termes aristotéliciens, il se distingue des animaux et des dieux –, est ce lien minimal qui, même dans les pires situations, soutient l'échange et la communication. Les Grecs l'appelaient *koinônia* et Platon l'énonçait ainsi dans le *Gorgias* : si nos affects *(pathos)* n'avaient, dans leur diversité, rien de commun, si chacun était affecté d'une manière qui lui fût propre *(idion)* et étrangère à celle des autres, alors il ne serait pas facile de faire comprendre à autrui ce qu'on éprouve soi-même (481 c-d). Ainsi, tant que ce lien de la communauté qui soutient l'humanité – la commune humanité – n'est pas brisé, nous n'avons pas franchi la limite : ni les bourreaux ni les victimes ne sont soustraits aux critères de la reconnaissance du semblable. Mais lorsque les uns installent les autres en deçà de la limite qui rend possible l'humanité, dans cette « égalité monstrueuse » que « les chats et les chiens auraient pu partager », alors il n'est plus de mesure possible de l'humain : ce n'est plus le *monde*, ce n'est plus l'*Humanité*[1].

C'est là que s'est ouvert l'abîme le plus profond – celui qu'il

---

bétail, comme des choses qui n'auraient ni corps ni âme, ni même un visage sur lequel la mort aurait pu apposer son sceau.
  « C'est dans cette égalité monstrueuse, sans fraternité ni humanité – une égalité que les chats et les chiens auraient pu partager –, que l'on voit, comme si elle s'y reflétait, l'image de l'enfer » (p. 151-152).
  1. « Ce n'était pas un monde.
    Ce n'était pas l'Humanité.
    Je n'en étais pas.
    Je n'appartenais pas à cela.
    Je n'avais rien vu de tel.
    Personne n'avait écrit sur une pareille réalité.
    Je n'avais vu aucune pièce, aucun film !
    Ce n'était pas le monde.
    On me disait qu'ils étaient des êtres humains.
    Mais ils ne ressemblaient pas à des êtres humains »
(témoignage de Jan Karski, ancien courrier du gouvernement polonais en exil, qui se rendit dans le ghetto de Varsovie au milieu de l'année 1942 ; cité dans *Shoah* de Cl. Lanzmann).

nous est impossible de franchir – et que réside aussi l'irréparable absolu. Un phénomène inédit a donc surgi, dont la nature est venue briser toutes les normes connues de nous, rendre caducs tous les critères de jugement, démanteler tous les cadres traditionnels de référence. Aucune tradition ne nous permet, apparemment, de l'appréhender. Et cependant le terme de « mal radical » est repris de Kant, « le seul philosophe qui, dans l'expression qu'il forgea à cet effet, dut avoir au moins soupçonné l'existence d'un tel mal, quand bien même il s'empressa de le rationaliser par le concept d'"une volonté perverse", explicable à partir de motifs intelligibles [1] ». Rien ici qui évoque le motif de la « profondeur » : il ne viendra qu'ultérieurement, à propos de la « banalité du mal ». Mais il faut souligner que la référence est elle-même très elliptique : Arendt suggère que, en rationalisant le mal par le recours à une « volonté perverse » issue de mobiles intelligibles, Kant aurait tenté de réduire l'insoutenable ou l'impensable. On verra plus loin que cette lecture allusive infléchit et fausse le sens du texte kantien : car l'« intelligible » n'y implique pas la résorption, par l'entendement et la connaissance, d'un mal dont la raison d'être est déclarée insondable ou inscrutable *(unerforschbar)*. En écrivant qu'il « n'existe pas [...] pour nous de raison compréhensible pour savoir d'où le mal moral aurait pu tout d'abord nous venir », Kant maintient avec force (et ce, contre tout schéma « explicatif ») l'*énigme* de son origine. Le fait que le mal s'origine dans la part intelligible de l'homme signifie tout d'abord qu'il n'a pas sa source dans la sensibilité et l'irrationalité des passions. Car les inclinations « sensibles » ne sont pas le lieu originel du penchant au mal, elles ne sont que l'occasion possible de sa réalisation. La disjonction du mal et de la sensibilité fait alors dire à Kant que les « inclinations naturelles » qui dérivent de la sensibilité « n'ont même pas de rapport avec le mal » : c'est bien parce qu'elle *précède*

---

1. Hannah Arendt, *Le Système totalitaire*, *op. cit.*, p. 201.

toute expérience que se voit invoquée la part intelligible de l'homme, et non parce qu'elle atténue l'impensable en le « rationalisant ».

Certes, l'hypothèse philosophique du mal radical pourrait, au premier regard, sembler foncièrement étrangère à la démarche plus spécifiquement « politique » du *Système totalitaire* et à la recherche d'une méthodologie qui, pour rendre compte de l'inédit, met en avant la notion de « cristallisation », de préférence à cette catégorie aussi « trompeuse qu'étrangère » qu'est la causalité en matière de sciences historiques [1]. Car le surgissement du mal absolu peut bien être « éclairé » par des origines, il ne peut en aucun cas être « expliqué » par des « causes ». Les éléments par eux-mêmes ne sont probablement jamais cause de quoi que ce soit. Ils sont à l'origine des événements si, et quand, ils se cristallisent dans des formes fixées et bien déterminées. Alors, et alors seulement, on peut en retracer l'histoire jusqu'à l'origine. Les événements éclairent leur propre passé, mais jamais ils ne peuvent en être déduits. Mais il reste qu'Arendt n'a pas vraiment considéré les implications de l'hypothèse kantienne : il n'y va pas seulement de l'inscrutabilité de l'origine – qui fait alors échec à tout schéma explicatif –, mais aussi de l'exclusion de la perversité diabolique (l'origine du mal n'est pas dans une « dépravation » de la raison qui ferait de l'homme un être « diabolique », animé par la volonté de faire le mal pour le mal), de l'indétermination du sujet moral et de la vocation à l'incertitude… Loin d'être étrangers à sa propre démarche, ces motifs invitaient à penser ce qu'elle entrevoyait derrière la cristallisation progressive des

---

[1]. Sur cette question, on se référera notamment à l'article « Compréhension et politique », paru dans la revue *Esprit* (numéro spécial consacré à Hannah Arendt) en 1980. Le statut de nouveauté radicale assigné au totalitarisme (sa « terrifiante originalité ») contribue à ruiner les catégories politiques traditionnelles ainsi que les critères de jugement moral. Épistémologiquement parlant, on peut alors douter que le sens réel de l'événement se réduise à l'enchaînement causal qui l'aurait provoqué.

éléments du système totalitaire : l'irruption d'un mal absolu, « au-delà » de l'humain, commis cependant par des hommes qui n'étaient (le fait était d'ores et déjà avéré) ni monstrueux ni démoniaques. La présence de l'inhumain dans l'humain. Et, de fait, qu'y a-t-il de plus kantien que ce constat : « la vérité, aussi simple qu'effrayante, est que des personnes qui, dans des conditions normales, auraient peut-être rêvé à des crimes sans jamais nourrir l'intention de les commettre adopteront, dans des conditions de tolérance complète de la loi et de la société, un comportement scandaleusement criminel[1] » ? Et Jaspers de remarquer avec perspicacité, dans une lettre consécutive à la parution d'*Eichmann à Jérusalem* : « Ainsi tu as eu le dernier mot contre les gnostiques. Tu partages l'idée de Kant que l'homme ne peut pas être un démon. Et je suis d'accord avec toi. »

Quoi qu'il en soit, en 1963, avec le procès de Jérusalem, la solution de continuité (nettement revendiquée par Arendt dans sa réponse à Scholem) est manifeste. Ce n'est pas seulement que le concept de « mal radical » se voit abandonné au profit de la « banalité du mal », c'est aussi que l'analyse a, partiellement au moins, changé de terrain et d'objet. En un sens, le déplacement est délibéré et justifié par les circonstances : il ne s'agit plus de porter au jour les éléments constitutifs du système totalitaire, de remonter à leurs sources et d'en suivre les effets. Il s'agit d'approcher la personnalité de ce nouveau type de criminel, « ennemi du genre humain », et d'observer l'individu en chair et en os. Lorsque Arendt vit Eichmann pour la première fois, elle ne le trouva « même pas anormal » *(nicht einmal unheimlich)* et entreprit alors de décrire un personnage qui était, à ses yeux, le vivant prototype de ce qu'avait pu produire le système.

Fils d'un comptable devenu cadre moyen dans une entre-

---

1. *Du mensonge à la violence*, Paris, Presses-Pocket, « Agora », 1989.

prise de tramways et d'électricité, Eichmann, après des études médiocres et assez tôt interrompues, occupe, entre autres, un emploi de commis voyageur dans une compagnie pétrolière autrichienne. Devenu, en 1932, membre du parti national-socialiste, il entre dans les SS à l'instigation de Kaltenbrunner (lequel sera par la suite promu au rang de directeur de l'Office central de sécurité du Reich, le RSHA). Petit-bourgeois plutôt déclassé dans l'échelle sociale, Eichmann avait été très tôt accoutumé à la rassurante cohésion des groupes et des organisations. Au point que la défaite de 1945 signifia avant tout pour lui la perte de cette insertion : « Je pressentais qu'il me faudrait vivre une vie individuelle, difficile, sans chef; que je ne recevrais plus d'ordres, que je n'en donnerais plus, que je n'aurais plus d'ordonnances à consulter – bref, je devrais mener une vie jusque-là inconnue de moi. » Un tel aveu d'angoisse n'est pas étranger aux remarques de Freud sur la psychologie collective et, singulièrement, sur la *panique* qui s'empare des foules au moment de leur désagrégation : « Les liens réciproques, écrit Freud, se trouvent rompus et une peur immense, dont personne ne saurait expliquer les raisons, s'empare de tous[1]. » L'individu, privé des liens qui assuraient en même temps la cohésion du groupe, commence alors à ne songer qu'à lui-même. En 1945, Eichmann est donc aux prises avec une expérience pour lui inédite : la perte de l'appartenance au groupe – ce rempart protecteur –, qui l'avait jusqu'alors préservé des atteintes de la réalité extérieure, entraîne une première confrontation avec les incertitudes du monde.

Mais jamais les convictions politiques d'Eichmann ni son adhésion à l'idéologie nationale-socialiste n'ont été déterminantes : lorsqu'il adhère au parti, il n'a pas lu *Mein Kampf* et ignore à peu près tout de son programme. Et pourtant, il se qualifie à plusieurs reprises d'« idéaliste » : quelqu'un qui, ne

---

1. « Psychologie collective et analyse du moi », in *Essais de psychanalyse*, Paris, Payot, 1989.

vivant que pour son idée, est prêt à tout lui sacrifier, y compris son propre père s'il en reçoit l'ordre. Un « exécutant idéaliste » en quelque sorte. « Le parfait "idéaliste" avait, comme tout le monde, des sentiments personnels, des émotions, mais celles-ci n'avaient pas à intervenir dans ses actes, si elles étaient en contradiction avec l'"idée"[1]. » La compensation logique de la constante frustration sociale d'Eichmann – qui ne dépassa jamais le grade d'*Obersturbammführer* (lieutenant-colonel SS) – était une incommensurable vantardise : plutôt que de croupir dans la médiocrité, il préférait, tout bien considéré, laisser à la postérité le souvenir d'actes impérissables sur le théâtre du monde. Il déclarait à la veille de la défaite allemande (et il le redira ultérieurement) éprouver la « grande satisfaction [...] d'avoir sur la conscience la mort de cinq millions de Juifs ». Il se sentait, à cette évocation, toujours « gagné par cette euphorie extraordinaire de sortir de scène de cette manière ».

Incapable de s'exprimer autrement qu'en un langage administratif, stéréotypé, constellé de clichés (souvent « euphorisants »!) destinés, selon Arendt, à le protéger du monde extérieur, Eichmann « disait toujours la même chose avec les mêmes mots. Plus on l'écoutait, plus on se rendait à l'évidence que son incapacité à s'exprimer était étroitement liée à son incapacité à *penser* – à penser notamment du point de vue d'autrui. Il était impossible de communiquer avec lui, non parce qu'il mentait, mais parce qu'il s'entourait de mécanismes de défense extrêmement efficaces contre les mots d'autrui, la présence d'autrui, et, partant, contre la réalité elle-même[2] ».

Ce qui faisait d'Eichmann un prototype exemplaire – et non la vivante illustration du criminel endurci, incapable de repentir – était en définitive qu'une société tout entière (la société allemande) avait été « protégée » par les mêmes voies des atteintes de la réalité : le mensonge généralisé, la consti-

---

[1]. *Eichmann à Jérusalem*, *op. cit.*, p. 53.
[2]. *Ibid.*, p. 61.

tution d'un monde fictif échappant au contrôle des expériences individuelles, la « stupidité », c'est-à-dire la perte du jugement. Ainsi, avait été largement diffusée par la machine de propagande la thèse d'un « complot juif » destinée à retourner le processus d'extermination en un mécanisme de défense préventif. D'où la conclusion de Himmler : « Nous avions le droit moral, nous avions le devoir envers notre peuple d'anéantir ce peuple qui voulait nous anéantir. » Aussi ce dont une société avait été gavée durant douze ans avait-il engendré ce type d'homme à la mémoire sélective : il avait tout oublié des discussions de la conférence de Wannsee, mais rien des tournants décisifs de sa propre carrière. Et jamais ne lui faisaient défaut les clichés bienfaisants et consolateurs qui lui servaient d'écran face à la réalité. Jusqu'à cette ultime et grotesque absurdité : au pied même de l'échafaud, ces poncifs euphorisants lui feront presque « oublier » qu'il s'agit de sa propre mort.

S'il en est ainsi, si telles étaient les dispositions, les conduites, les réactions d'un responsable « exemplaire », alors Eichmann pouvait bien être qualifié de « banal » : aucun fond, aucun sol, aucun enracinement ne se découvrait à travers son comportement, mais un abîme de niaiserie, d'automatismes conditionnés, de justifications fictives et de bavardage. Il était banal parce qu'il n'était pas monstrueux au sens où se seraient affirmés en lui une détermination diabolique, une cruauté essentielle, un parti de faire le mal pour le mal : bref, une sorte d'altérité radicale qui échapperait ainsi à la commune humanité. Enfin, il était banal du fait de cette « absence de pensée » qui l'avait soustrait à tout examen critique. Et qui plus est, cette banalité n'était pas que la sienne propre : elle s'était propagée comme un champignon, elle était sortie « pour ainsi dire du ruisseau, sans courant profond », et avait gagné « de la puissance sur presque tous les hommes »[1].

---

1. « Le "cas Eichmann" et les Allemands », *in* Collège international de philosophie, *Ontologie et Politique. Hannah Arendt*, Paris, Tierce, 1989, p. 171-172.

Arendt n'a pas « banalisé » – autrement dit : minimisé – le mal en renvoyant son auteur à la commune humanité. Bien au contraire. Qu'à l'incommensurable monstruosité du mal absolu réponde l'apparente « normalité » sociologique et clinique des criminels est peut-être le paradoxe le plus tragique et le plus terrifiant qui nous soit aujourd'hui donné à affronter. Sur cette méprise (non exempte de mauvaise foi), Arendt s'est clairement expliquée : « Rien n'est plus éloigné de mon propos que de minimiser le plus grand malheur du siècle. Ce qui est banal n'est par conséquent ni une bagatelle, ni quelque chose qui se produit fréquemment. Je peux trouver une pensée ou un sentiment "banal", même si personne n'en a jamais exprimé de semblable auparavant, et même si les conséquences conduisent à une catastrophe [1]. » Et elle poursuit, insistant sur le caractère *terrifiant* du phénomène : il « est plus facile d'être victime d'un diable à forme humaine [...] que d'être la victime d'un principe métaphysique, voire d'un quelconque clown qui n'est ni un fou ni un homme particulièrement mauvais... Ce qu'aucun de nous n'arrive à surmonter dans le passé, ce n'est pas tant le nombre des victimes que précisément aussi la mesquinerie de cet assassinat collectif sans conscience de culpabilité et la médiocrité dépourvue de pensée de son prétendu idéal ». Mais une fois défaite l'évidence rassurante que les criminels portent en eux une malfaisance innée dont nous sommes *a priori* exceptés, la tentation est grande – et c'est une autre facilité – de basculer dans la position diamétralement inverse ; prétendre qu'un Eichmann potentiel dort au fond de chacun de nous, « comme si chacun, ne serait-ce que parce qu'il est homme, recélait inéluctablement un "Eichmann" en lui », c'est là un bavardage intolérable destiné à masquer le nouveau visage du mal en le diluant dans une sorte de culpabilité universelle qui dissout toute culpabilité : nous sommes tous coupables, personne n'est responsable.

1. *Ibid.*, p. 171.

Car, comme l'indique admirablement Primo Levi, nous ne pouvons pas non plus nous *identifier* à la « normalité » de ces criminels. Nous ne pouvons ni ne devons les *comprendre*, dans la mesure où ce serait les mettre en nous et nous mettre en quelque sorte à leur place. Reste qu'ils sont – à quelques exceptions près, mais ce n'est pas le pire – des hommes quelconques. « Les monstres existent, mais ils sont trop peu nombreux pour être vraiment dangereux. Ceux qui sont les plus dangereux, ce sont les hommes ordinaires, les fonctionnaires prêts à croire et à obéir sans discuter, comme Eichmann, comme Höss, le commandant d'Auschwitz, comme Stangl, le commandant de Treblinka, comme, vingt ans après, les militaires français qui tuèrent en Algérie, et comme, trente ans après, les militaires américains qui tuèrent au Vietnam [1]. »

Mais comment est-il possible d'appréhender ce qui ne doit pas être *compris*? Arendt s'est-elle arrêtée au seuil d'une telle question en livrant à une description encore confuse et incertaine le statut philosophique, éthique et politique de la banalité du mal? Quoi qu'elle en dise – et sur le sujet elle dit vraiment très peu –, c'est bien sur la pensée de Kant qu'il faut revenir, et plus précisément sur la problématique du mal radical que déploie *La Religion dans les limites de la simple raison* [2].

---

1. *Si c'est un homme*, Paris, Julliard, 1987, p. 212.
2. Les références au texte seront données d'après la traduction française de J. Gibelin revue par M. Naar, Paris, Vrin, 1983.

2

Kant et l'idée du mal radical

Chez Kant, la « radicalité » du mal est étrangère à la profondeur somme toute assez superficielle que récuse Arendt dans sa réponse à Scholem. Elle n'a rien à voir avec la psychologie – individuelle ou collective –, l'enracinement intellectuel ou idéologique, la présence de telle ou telle motivation : toutes ces déterminations auraient été qualifiées par Kant d'« empiriques ». Le mal est *radical* parce que, face au motif que constitue la loi morale, il se dresse tel un motif antagoniste. Kant s'est en effet inscrit d'entrée de jeu hors de l'alternative la plus conventionnelle en la matière : celle du pessimisme anthropologique lié à la chute *ou* de la bienveillance optimiste qui veut que l'homme, s'il persévère dans l'effort, pourra surmonter le mal. Mais, parce que le mal doit être conçu dans les termes d'une *grandeur négative* (le mal n'est pas simple absence ou privation), Kant n'accepte aucun moyen terme entre une volonté moralement bonne déterminée par le seul respect de la loi morale et une volonté moralement mauvaise qui admet d'autres motifs dans sa maxime. Aussi ne peut-on admettre des propositions du genre : l'homme est bon à certains égards, mauvais à d'autres, tantôt bon tantôt méchant... C'est dans cette perspective qu'il faut redéfinir ce qu'on appellera *nature de l'homme* : il ne s'agit ni d'une nature empirique (sensible), ni d'une nature psychologique, ni plus généralement d'une nature *donnée*. Cette nature morale (ou intelligible, si l'on veut) de l'homme n'est autre que « le fondement subjectif de l'usage de sa liberté [...] qui précède toute action tombant sous les sens [...]. Toutefois ce fondement subjectif doit toujours être aussi un acte de liberté [...]. Par suite, le fondement du mal ne saurait se trouver dans un objet déterminant l'arbitre par *inclination*, dans un penchant naturel, mais seulement dans une règle que l'arbitre se forme lui-même pour l'usage de sa liberté, c'est-à-dire dans une maxime. [...] Donc quand nous disons : l'homme est bon par nature, ou bien, il est mauvais par nature, ceci signifie seulement qu'il a en lui un principe premier (insondable pour nous) lui permettant d'admettre de bonnes ou de mauvaises maximes (c'est-à-dire contraires à la loi) : il est vrai, d'une manière générale, en tant qu'homme, en sorte que par là il exprime aussi le caractère de son espèce [1] ». Parler ainsi de « fondement subjectif » va contre toute interprétation en termes empiriques. Le mal est radical parce qu'il touche non à la psychologie des profondeurs mais au fondement, parce qu'il corrompt le principe de toutes les maximes. Cette nature d'« avant » l'expérience, d'« avant » les actions observables, ne peut que renvoyer au fait intelligible de la liberté et, en tant que telle, elle n'est pas assignable à tel ou tel individu, mais à toute l'espèce. Si le *penchant (Hang)* au mal s'enracine dans le cœur de l'homme, ce n'est pas au titre des motivations quelles qu'elles soient (ce que vise Arendt lorsqu'elle parle de l'absence de profondeur de l'individu Eichmann). Le penchant s'enracine en se greffant sur les *dispositions (Anlagen)* qui constituent l'humanité, qui constituent sa possibilité, c'est-à dire son concept. Il est vrai que, de ces dispositions, seules les deux premières – la disposition à l'animalité et la disposition à l'humanité – peuvent être viciées. La troisième – la disposition à la personnalité, qui est l'aptitude à exister comme être moral mû par le respect de la loi morale – désigne une disposition sur laquelle rien de mauvais ne peut se greffer : elle ne peut être pervertie à l'encontre de sa

---

1. *Ibid.*, p. 66-67.

fin. Reste que l'hétérogénéité du *penchant* et de la *disposition* est capitale dans la pensée de Kant : les dispositions – qu'on peut dire originelles parce qu'elles font partie de la possibilité même de la nature humaine – sont des dispositions au bien dont elles avancent l'accomplissement. Parce que le penchant est contingent, né de la liberté, il n'est pas objectivement mais *subjectivement* nécessaire. Il doit alors être pris selon deux acceptions : la première est celle d'un acte effectivement exécuté dans le temps et qui, dans son contenu (ou sa matière), s'oppose à la loi. Mais il est aussi un acte *intelligible*, connaissable seulement par la raison et sans aucune condition temporelle. Et cet acte *demeure* même si la faute a pu de fait être évitée dans l'expérience et que l'on se tient pour justifié devant la loi. Tel est donc le sens de la *radicalité* du mal : c'est au niveau de la formation des maximes, c'est-à-dire d'un acte intelligible précédant toute expérience, et pas seulement de l'exercice actuel de la liberté dans la série temporelle, que Kant situe le problème. Le mal radical qui est celui de l'espèce – et cette considération aura des conséquences capitales – renvoie au pouvoir originaire d'une liberté susceptible de s'orienter vers le bien ou vers le mal. Il est en quelque sorte la racine ou la matrice de toute action sensible, et ce « antérieurement » (mais d'une antériorité non temporelle) à tout usage dans l'expérience. On voit déjà pourquoi le mal radical peut être dit « banal » : il est radical parce qu'il est banal. *Il est le mal de tous même si tous ne le font pas.* Et Kant d'interroger cette prétendue « sérénité de la conscience » dont se satisfont ceux qui ont « heureusement esquivé les conséquences mauvaises » : mais ils devraient plutôt se demander si « de semblables actes vicieux n'eussent pu être accomplis par eux au cas où l'impuissance, le tempérament, l'éducation, les circonstances de temps et de lieu qui induisent en tentation [...] ne les en eussent écartés »[1]. Arendt, poussant à son terme « politique » l'inter-

---

1. *Ibid.*, p. 80-81.

rogation kantienne, écrira : « La vérité, aussi simple qu'effrayante, est que des personnes qui, dans des conditions normales, auraient peut-être rêvé à des crimes sans jamais nourrir l'intention de les commettre adopteront, dans des conditions de tolérance complète de la loi et de la société, un comportement scandaleusement criminel [1]. »

Il faut donc réévaluer le sens du *rigorisme* de Kant, sur lequel on a commis bien des contresens. De ce penchant au mal nul ne peut s'excepter, et Kant reprend alors la parole de l'Apôtre : « Il n'est ici aucune différence, tous sont pécheurs également ; il n'y en a aucun qui fasse le bien (selon l'esprit de la loi), pas même un seul [2]. » Ou encore : « Il n'y a pas lieu d'en excepter un seul homme et ce qui vaut de lui vaut de l'espèce [3]. » Même s'il provient d'une expérience profondément religieuse – ce qu'on ne peut récuser –, le rigorisme kantien a bien d'autres implications, et son objet n'est pas d'accuser l'humanité. Prenant le contre-pied des moralistes classiques, Kant affirme que le mal n'a pas sa source dans l'irrationalité des passions. Les penchants physiques, les inclinations sensibles, les désirs sont moralement neutres : ils ne peuvent fournir que l'occasion de la réalisation du mal. L'animalité, dit Kant, contient trop peu, et une humanité animale ne peut être tenue pour responsable des instincts liés à sa finitude. Mais la disjonction du mal et de la sensibilité ne porte cependant pas Kant à rechercher l'origine du mal dans une « dépravation » de la raison qui ferait de l'homme un être « diabolique » mû par l'intention de faire le mal pour le mal.

Pourquoi Kant refuse-t-il de faire de la volonté de désobéir à la loi un motif déterminant du libre arbitre ? La première raison est en quelque sorte interne à la doctrine kantienne : rappelons que la disposition à la personnalité – celle qui fait de

---

1. *Du mensonge à la violence*, op. cit., p. 72.
2. Épître aux Romains III,23.
3. *La Religion dans les limites de la simple raison* (abrégé en *La Religion*), *op. cit.*, p. 70.

l'homme un être moral et responsable – ne saurait être entamée : le sentiment moral est indestructible et la raison en tant que telle incorruptible. Mais on n'a pas assez remarqué que cette hypothèse se voit récusée par Kant, au nom de son *rigorisme*, parce que, contenant « trop », elle est tout aussi *déresponsabilisante* que le renvoi du mal à l'animalité. Dans les deux cas on affranchit l'homme – par défaut ou par excès –, on le tient quitte de la loi morale. En deçà du bien et du mal, par-delà le bien et le mal : en un sens, cela revient au même. De plus, comment tenir ensemble l'exigence qui veut que nul ne puisse s'excepter et l'hypothèse d'une volonté méchante absolument : comment faire admettre que *tous* sont diaboliques ? On sait combien rassurante est l'idée que les criminels portent en eux la causalité du démoniaque : l'humanité commune n'entretiendrait donc aucune affinité avec cet inhumain-là. La force de la position kantienne est précisément de nous soustraire à cette évidence faussement réparatrice que dénonceront Hannah Arendt et Primo Levi : en éradiquant la causalité du démoniaque, Kant radicalise ce qu'on pourrait appeler la *responsabilité d'appartenance*. Non pas que nous devions ou puissions nous *identifier* à ceux qui, dans leur incommensurable banalité, ont commis le mal extrême. Mais nous ne pouvons pas non plus nous soustraire à la responsabilité de notre appartenance au genre humain : ce que Kant appelle précisément l'*espèce*. Le rigorisme de Kant est ce qui médiatise la banalité (ce qui la rend en quelque sorte « opératoire ») pour la mener jusqu'à ce mode de responsabilité, ni strictement individuelle ni strictement collective : car ce mal extrême, nous n'y avons pas effectivement participé, peut-être même ne pourrions-nous pas le commettre, pour des raisons peut-être contingentes, mais cette « innocence » par laquelle nous nous tenons pour justifiés devant la légalité de la loi est-elle imputable à notre seul mérite [1] ? Là

---

1. Dans *La Culpabilité allemande* (Paris, Minuit, 1990), Jaspers appelle « culpabilité métaphysique » cette coresponsabilité qui lie les hommes entre eux parce qu'ils sont des hommes. Mais, par là, on ne déclare coupable ni un indi-

encore, Arendt transcrit à sa manière la position kantienne lorsqu'elle demande : « Combien de temps faut-il, par exemple, à une personne ordinaire pour vaincre sa répugnance innée au crime[1] ? »

Il n'est pas sûr, comme on l'a souvent affirmé, que le rigorisme de Kant – parce qu'il dénonce implacablement la bonne conscience – ne fasse qu'exacerber la mauvaise conscience. Et son but n'est pas davantage de dérouler une « longue et mélancolique litanie d'accusations contre l'humanité ». C'est l'exigence d'*universalité* qui est ici essentielle, et le refus de l'exception a partie liée avec l'idée que la quintessence du mal, le « mal du mal » (P. Ricœur), n'est pas la désobéissance ou la transgression de la loi, mais le mensonge et l'autotromperie. L'homme « mauvais » n'est pas celui qui *veut* le mal (l'homme mauvais n'est pas, comme on l'a dit, un être diabolique), mais celui qui a une « tendance secrète à s'excepter » lui-même. Si la volonté et la raison pratique ne sont en aucun cas intrinsèquement perverses, l'ordre moral des motifs que l'homme accueille dans ses maximes peut, quant à lui, être perverti. On dira alors que le mal est *perversion* – toujours issue de la liberté – dans la mesure où se trouve renversé l'ordre des rapports entre le respect de la loi morale et les inclinations. Le mal est *perversion* parce qu'il subordonne le respect de la loi morale à l'amour de soi érigé en règle de la volonté. Aussi le mal radical est-il mensonge plutôt que rébellion ou désobéissance, conformité frauduleuse à la loi plutôt que transgression ouverte. Telle est cette « malhonnêteté qui consiste à s'en

---

vidu *stricto sensu* (cela est le fait soit d'une imputation criminelle, soit d'une culpabilité morale) ni un groupe ou une collectivité. La responsabilité d'appartenance n'est pas cette flottante et incertaine culpabilité collective qui contribue toujours à dissoudre les degrés de la faute. Mais c'est toute l'humanité qui se trouve ainsi impliquée, par la même exigence d'universalité que celle qui est requise par le rigorisme kantien. Et c'est bien à ce réquisit que satisfait la responsabilité d'appartenance.

1. *Eichmann à Jérusalem, op. cit.*, p. 109.

donner à accroire et qui s'oppose à l'établissement en nous d'une intention morale de bon aloi, se développe à l'extérieur aussi en fausseté et duperie envers autrui ; chose qui, si on ne veut pas l'appeler méchanceté, mérite tout au moins d'être nommée bassesse » et qui rend l'imputabilité, intérieurement et extérieurement, tout à fait « incertaine »[1].

Que le mal radical soit du côté de l'imposture, de la falsification ou de l'autotromperie est de grande conséquence pour qui veut comprendre sa banalité. Car le « criminel bureaucratique », dont Eichmann n'est que le prototype exemplaire, n'est pas un ennemi de la loi. Il ne prétend pas que sa volonté est rebelle ni qu'il fait le mal pour le mal. Dans *Eichmann à Jérusalem*, Arendt rapporte un incident remarquable : Eichmann, qui prétendait agir, dans tout ce qu'il faisait, en citoyen qui respecte la loi, ne cessa de répéter devant le tribunal qu'il faisait son devoir, qu'il obéissait aux ordres mais aussi à la *loi*. Il avait certes la conscience confuse qu'une distinction était ici nécessaire mais on ne lui demanda jamais de l'expliciter. Il déclara un jour, lors d'un interrogatoire, « qu'il avait vécu toute sa vie selon les préceptes moraux de Kant, et particulièrement selon la définition que donne Kant du devoir[2] ». Et à la stupeur générale, il produisit cette définition approximative de l'impératif catégorique : « Je voulais dire, à propos de Kant, que le principe de ma volonté doit toujours être tel qu'il puisse devenir le principe des lois générales. » Ce qui signifiait, dans la bouche d'un criminel bureaucrate, qu'il fallait agir comme si le principe de ses actes était identique à celui des législateurs ou des lois du pays. Ce modèle de falsification n'a pas seulement valeur anecdotique. Outre le fait que les stéréotypes, les clichés et les formules standardisées sont la forme la plus apparente du mensonge organisé et de l'autotromperie, il faut insister sur le fait que ce nouveau type de criminel ne déclare

---

1. *Ibid.*, p. 81.
2. *Ibid.*, p. 153.

aucune hostilité à l'égard de la loi morale : il n'est pas un ennemi de la morale. L'immoralisme n'est jamais sa règle de conduite. On peut à cet égard discuter la pertinence de la thèse de George Steiner lorsqu'il affirme, prenant argument du mot de Hitler – « La conscience est une invention juive » –, que la Shoah témoigne d'une haine meurtrière contre les exigences de l'idéal incarné par le monothéisme au mont Sinaï, la chrétienté primitive et le socialisme messianique [1]. En termes kantiens, cela voudrait dire qu'une volonté diabolique s'est érigée en motif contraire à la loi et que la négation de la loi et de la raison a été élevée en principe de la conduite.

Une telle hypothèse voit à la source de l'entreprise d'extermination et du national-socialisme en général une volonté antimorale (une sorte de « nihilisme ») qu'on pourrait à juste titre qualifier de « diabolique ». Mais elle installe aux marges de l'humanité commune des « diables à forme humaine » dont il est plus facile, comme le soulignait Arendt, d'être la victime que d'hommes médiocres, citoyens respectables et bons pères de famille. Au regard du mal radical – propre à l'espèce et donc banal –, l'hypothèse diabolique est, il faut le répéter, une hypothèse faible. Faible parce que rassurante, rassurante parce que sélective : elle refoule hors de l'humain la possibilité de l'inhumain et dispense donc d'en porter la charge. Dans la perspective qui est celle de Steiner, par exemple, on pourra toujours faire le partage entre ceux qui ont eu (ou ont) pour règle de conduite cet immoralisme et ceux qui, parce qu'ils défendent les valeurs morales, se tiennent pour justifiés et quittes d'avoir à prendre sur eux les manquements des hommes. Ce paradoxe – se tenir pour justifié devant la loi morale (« je ne ferais jamais cela ») et se dispenser de prendre à charge les manquements des hommes – est l'exact envers de la posi-

---

1. *Dans le château de Barbe-Bleue*, Paris, Gallimard, « Folio », 1986 : « Nous haïssons plus que tout ceux qui font miroiter à nos yeux un but, un idéal, une promesse enchantée que nous ne pouvons atteindre... » (p. 56).

tion kantienne : chez Kant, la responsabilité de l'appartenance au genre humain a pour fondement l'indétermination du fondement. La part intelligible de l'homme, loin de manifester face au sensible la coïncidence à soi du bien, reporte sur la *liberté* elle-même et sur son exercice l'énigme du mal. Le mal radical est ainsi la forme originaire de tout acte : il est le fait d'une liberté qui découvre en elle l'impuissance au cœur de la puissance, le non-pouvoir au cœur du pouvoir.

Mais, plus que de spéculer sur l'intention « métaphysique » du national-socialisme, le problème est – pour en revenir à la criminalité des hommes ordinaires – d'appréhender la prégnance de la tromperie, du mensonge ou de la duplicité : cette duplicité par laquelle « le cœur humain se dupe lui-même sur ses bonnes et sur ses mauvaises intentions », ou encore ce « penchant à se leurrer soi-même par des mensonges dans l'interprétation de la loi morale au détriment de celle-ci ».

On trouve dans l'ouvrage de Hilberg[1] une analyse extrêmement circonstanciée du déguisement « moral » de l'entreprise d'extermination. Ainsi, les opérations « mobiles » de tuerie devaient être légitimées : s'il était impossible de justifier une action proposée (essentiellement par la fiction du péril juif), elle n'avait pas lieu. Il fallait que soit admise la « nécessité historique » de tuer les Juifs, ce qui conduisait à exclure toute motivation (et donc toute responsabilité) personnelle. Si un soldat « tuait un Juif spontanément, de sa volonté personnelle, sans ordre et du seul fait qu'il *avait envie* de tuer, alors il commettait un acte anormal... Là se situait la différence cruciale entre l'homme qui se "surmontait" lui-même pour tuer et celui qui se rendait coupable d'atrocités gratuites. Le premier était jugé bon soldat et nazi convaincu, le second ne savait pas se maîtriser[2]... ». S'adressant aux tueurs, Himmler déclara un jour que « les *Einsatzgruppen* avaient été appelés à accomplir

---

1. *La Destruction des Juifs d'Europe*, op. cit.
2. *Ibid.*, p. 281.

un devoir repoussant. Il lui aurait été pénible, dit-il, de voir des Allemands exécuter une telle tâche de gaieté de cœur... Ses auditeurs avaient certainement remarqué que ce métier sanglant lui faisait horreur et qu'il en avait été remué jusqu'au fond de l'âme. Mais lui aussi, en faisant son devoir, obéissait à un impératif supérieur, et c'était la profonde compréhension qu'il avait de la nécessité de cette opération qui le guidait dans son action [1] ». A ce sens du « devoir » s'attachait donc la nécessité de ne pas faire preuve d'une conduite relâchée : non seulement une administration dissolue pouvait se désintégrer, mais les atrocités pouvaient jeter le discrédit sur l'« idéal » de la tâche tout entière. D'où cette autre exhortation de Himmler à bannir le pillage, car les biens juifs étaient désormais la propriété du Reich : « Nous avions le droit moral, nous avions le devoir envers notre peuple d'anéantir ce peuple qui voulait nous anéantir. Mais nous n'avons pas le droit de nous enrichir même d'une fourrure, d'une montre, d'un mark, d'une cigarette ou d'un quelconque objet... Je ne veux pas voir apparaître ici, et gagner du terrain, la moindre trace de contamination. Quel que soit le lieu où elle apparaisse, nous cautériserons. Cependant, tous ensemble nous pouvons dire que nous avons rempli le devoir le plus difficile pour l'amour de notre peuple. Et notre esprit, notre âme, notre caractère n'ont pas été atteints [2]. » Toute conduite incontrôlée devait ainsi être bannie chez les tueurs : l'acte effectué sur ordre était l'« expression d'un idéalisme », l'acte dû à l'impulsion (motivation égoïste, sadique ou sexuelle) devait être puni. Ce déguisement « moral » reposait sur la professionnalisation du meurtre et sur la *dissociation* entre la sphère des tendances personnelles (la vie privée et l'ordre passionnel ou affectif) et une activité mesurée aux critères de la technique et de la fabrication. Plus profondément encore que l'obéissance aveugle aux ordres venus d'en

---

1. *Ibid.*, p. 287.
2. *Ibid.*, p. 870.

haut, c'est cette dissociation qui rendait possible la monstrueuse falsification de l'idée de « devoir » en même temps que la déresponsabilisation personnelle. Et il en allait de même pour la criminalité ordinaire des bureaucrates, engagés à quelque degré que ce soit dans l'entreprise et qui pouvaient fort bien n'avoir jamais vu de cadavre. Car l'une des rationalisations essentielles destinées aux agents du processus était – outre l'obéissance aux ordres qui, une fois donnés, équivalaient à une absolution – la distinction entre le devoir impersonnel et les sentiments personnels. A cet égard, la situation des bureaucrates qui avaient à charge les camps soviétiques n'était guère différente. Dans *Le Ciel de la Kolyma*, Evguenia Guinzbourg décrit ainsi le responsable du sovkhoze : « Ce n'était pas un sadique. Il ne tirait aucun plaisir de nos souffrances. Simplement, il ne nous voyait pas, parce que en toute sincérité il ne nous considérait pas comme des êtres humains. Une "poussée de pertes" dans la main-d'œuvre détenue, c'était pour lui un ennui technique comme un autre, comparable, disons, à l'usure définitive d'un hachoir à fourrage. Dans un cas comme dans l'autre, une seule solution : remplacer par du neuf... Dans son assurance porcine, renforcée en permanence par le sentiment de la solidité inébranlable des thèses et citations que son cerveau avait enregistrées une fois pour toutes, il aurait été, je crois, terriblement étonné si on l'avait appelé en face négrier ou marchand d'esclaves... La ferme conviction que ce monde, avec sa hiérarchie et ses formes de vie quotidienne, était inébranlable émanait de chaque parole, de chaque action de nos directeurs. »

Au moins autant que le mensonge politiquement organisé, la perversion monstrueuse de la moralité est l'un des ressorts du système. Et l'on voit se mettre en place une caricature mortifère, bien plus terrifiante que la rébellion contre la loi : la disparition des mobiles personnels (cruauté, cupidité, sadisme, etc.) élevée au rang de condition de possibilité du meurtre de masse, lui-même érigé en « idéal » puis exécuté selon les critères de l'activité fabricatrice. Si pour Kant le « mal du mal » est le mensonge, la falsification, le simulacre, alors on peut dire que le national-socialisme a développé (on ne parle pas ici des déterminations historiques et politiques, pas plus qu'on ne prétend avancer un point de vue « privilégié » sur le *pourquoi* du mal) la falsification la plus effrayante qui soit. Le système de l'imposture généralisée met en œuvre au moins trois simulacres : la perversion de l'idée de « devoir » (le « tu ne tueras point » renversé en « tu tueras »), la distinction entre les mobiles sensibles et la subordination à une « pseudo-loi » (la loi du chef), et enfin l'observance de la lettre, dont on voit qu'elle est requise à chaque étape du processus.

On sait que la création d'un monde *fictif* est l'une des déterminations essentielles de l'expérience totalitaire : une idéologie à la fois rigide et « fantastiquement fictive » (Arendt) suscite un monde mensonger *et* cohérent que l'expérience réelle se trouve alors impuissante à contrarier. Mais on ne s'est jusqu'ici guère demandé quels modes de *subjectivation* (quels modes de soumission à la règle, quelle « élaboration » du rapport à soi) pouvaient accompagner la constitution de ce monde fictif. Il n'est pas interdit de penser que la propagation du mal, tel un champignon venu comme de nulle part et qui envahit tout, a partie liée avec le règne du mensonge généralisé. Ce dernier n'est pas seulement politiquement organisé, mais aussi « moralement » institué. Lorsque Kant voit dans la falsification, l'imposture et la « duplicité » la figure la plus radicale du mal radical, il se réfère implicitement à une *éthique de la véracité*, laquelle est le corrélat de la destination naturelle de l'homme à communiquer ses pensées. « Car l'humanité présente une vocation naturelle à se communiquer mutuellement, sur tout ce qui regarde l'homme en général[1]. » L'exigence de communicabilité universelle n'est donc pas étrangère à la

---

[1]. « Sur l'expression courante : il se peut que ce soit juste en théorie, mais en pratique cela ne vaut rien », *Théorie et Pratique*, Paris, Vrin, 1967.

condamnation principielle du mensonge : le mensonge se propose « une fin qui va directement contre la destination naturelle de la faculté de communiquer ses pensées ». Si la véracité (qu'il ne faut pas confondre avec la vérité) est partie prenante d'une institution de l'humain, que dirons-nous d'un système du mensonge généralisé, sinon qu'il accompagne (mais, encore une fois, on ne prétend pas qu'il « cause » : tout au plus qu'il « cristallise ») l'institution de l'inhumain [1] ?

On ne verra ici aucune prétention à adopter sur le mal un point de vue privilégié, encore moins une tentative pour en « expliquer » l'origine : car ce qui reste insurmontable, c'est qu'aux agents du processus, quelle qu'ait été leur place, aucun problème moral ne s'est révélé insurmontable. Dans cette descente aux abîmes, la raison d'être du mal est *insondable* : sa présence n'est pas résorbable. C'est en ces termes que Kant fait ainsi obstacle à toute tentation de retour à l'origine : « […] quant à l'origine rationnelle de ce penchant au mal, elle demeure pour nous insondable parce qu'elle doit nous être imputée... il n'existe donc pas pour nous de raison compréhensible pour savoir d'où le mal moral aurait pu d'abord nous venir [2] ». Il n'y a rien à chercher du côté de la causalité : il faut en faire son deuil. Le mal radical est sans *pourquoi*, tout comme la banalité de ses auteurs. Le mal absolu que commet-

---

[1]. Du système qu'il nomme « post-totalitaire », Vaclav Havel écrit ainsi qu'il est comme « captif de ses propres mensonges » et voué par là même à persévérer dans l'être de la falsification. Le viol de la réalité par l'idéologie fait du monde « post-totalitaire » le règne du *mensonge généralisé*. Les pratiques qui le caractérisent (pratiques de savoir et de pouvoir) sont des pratiques de falsification qui opèrent de telle sorte que tous sans exception y sont impliqués, quelle que soit leur position dans la hiérarchie. L'implication de chacun (à proportion bien entendu de son pouvoir) contribue ainsi à former la norme générale. C'est au nom d'une éthique de la véracité que Havel analyse en ces termes ce qu'il tient pour un élément fondamental de l'*entropie politique*. On ne doit pas y voir le signe d'une confusion entre le moral et le politique, ni même une approche moralisante, mais une tentative pour articuler les effets de la ritualisation idéologique et les modes de subjectivation ou d'élaboration du rapport à soi (*Essais politiques*, Paris, Calmann-Lévy, 1989).
[2]. *La Religion*, *op. cit.*, p. 85.

tent les hommes quelconques est sans *raison*. Confronté de nouveau à l'hypothèse d'une intention délibérément diabolique, le mal se voit de ce fait encore radicalisé. Une volonté diabolique n'est pas insondable car elle est déjà une cause. Devenue cause – peut-être même la cause de toutes les causes –, la volonté de faire le mal pour le mal soustrait celui-ci à l'énigme de l'origine : parce qu'elle est pour ainsi dire « figée », elle est moins vertigineuse qu'une radicalité soumise à un principe d'incertitude. Une volonté diabolique n'est pas vraiment le mal de la liberté, dans sa nudité. Car devant le mal de la liberté, comme l'écrit Jaspers, « l'inquiétude reste sans remède » et nous ne savons d'où le mal a pu venir alors même qu'il est notre œuvre propre. Posant « la limite où nous cessons de comprendre », Kant indique qu'il faut renoncer à tout schéma « explicatif » : le mal commencé est toujours recommencé, le « jamais vu » est « déjà là », mais le déjà-là est inscrutable *(unerforschbar)*.

Devant le mal inédit issu de la domination totalitaire, tous les présupposés, toutes les conditions énoncés par l'histoire, l'économie, la psychologie des masses ont beau être vrais, reste qu'à un certain moment surgit l'abîme. Lorsque s'accomplit le « tout est possible », on comprend que l'événement ne peut être réduit à quelque causalité antécédente que ce soit et qu'il ne peut être *déduit* de son propre passé : « C'est seulement lorsque quelque chose d'irrévocable s'est produit qu'on peut s'efforcer de déterminer à rebours son histoire. L'événement éclaire son propre passé, il ne peut jamais en être déduit [1]. » Lorsque Arendt tente d'élaborer une méthodologie qui substitue à la causalité les « éléments » qui éclairent ou « cristallisent », elle est plus près de Kant qu'elle ne le pense. Non que l'hypothèse philosophique du mal radical se confonde avec la démarche plus « politique » du *Système totalitaire*, mais parce que tout le faisceau des explications vient se briser sur le roc de l'inexplicable : l'émergence et l'actualisation du

---

1. « Compréhension et politique », in *Esprit, op. cit.*

« tout est possible » n'ont pas de raison d'être. A la désolation totalitaire répond la détresse de l'explication. Mais le deuil de la causalité, lié à l'idée d'un fondement sans fondement, n'implique en aucun cas que l'on déclare irresponsables (ou « moins » responsables) les auteurs du mal. Que les hommes quelconques commettent le mal extrême ne banalise pas le mal (n'en minimise pas la portée) mais le radicalise, parce qu'il est celui de *leur* liberté. Le « sans pourquoi » signifie que le mal nous laisse démunis quant à son origine : à la question « D'où vient le mal ? », il n'est pas de réponse. Mais la question « D'où vient que nous faisons le mal ? » concerne non seulement notre liberté comme fait *intelligible* mais aussi son *usage dans l'expérience*. L'homme quelconque agit, et l'inscrutabilité de l'origine – qui fait échec à tout schéma explicatif – n'affaiblit pas la portée de son acte. Aussi le criminel bureaucratique pouvait-il par exemple s'abstenir : dans les situations extrêmes où il ne reste qu'un champ très limité d'alternatives et où l'on peut se trouver politiquement impuissant, existe tout au moins la possibilité de « ne faire rien ». Dès lors que ces hommes quelconques ne sont précisément ni des héros, ni des démons, ni des saints, « c'est cette possibilité de "non-participation" qui est décisive pour notre jugement non à l'égard du système, mais à l'égard des individus, de leurs choix et de leurs arguments [1] ».

C'est cette tache aveugle de l'inexplicable que voudrait signifier Primo Levi lorsqu'il écrit : « Peut-être que ce qui s'est passé ne peut pas être compris, et même *ne doit pas être compris*, dans la mesure où comprendre, c'est presque justifier. En effet, "comprendre" la décision ou la conduite de quelqu'un, cela veut dire (et c'est aussi le sens étymologique du mot) les mettre en soi, mettre en soi celui qui en est responsable, se mettre à sa place, s'identifier à lui [2]. »

---

1. Lettre à Scholem, citée in *Fidélité et Utopie, op. cit.*
2. *Si c'est un homme, op. cit.*, p. 211.

En récusant l'idée d'une compréhension qui serait « identification » – c'est-à-dire reconnaissance du semblable par le semblable –, Primo Levi rejoint la profonde remarque (déjà évoquée) d'Arendt dans *Le Système totalitaire*, à propos de la nouvelle sorte de criminels qui se trouve « au-delà des limites où la solidarité humaine peut s'exercer dans le crime ». Que signifie cette idée selon laquelle, devant cette nouvelle criminalité, nous avons outrepassé ou excédé les limites de la reconnaissance ?

Il faut revenir ici à la question de l'*identification*. Il est tout d'abord facile de concevoir que nous nous identifions à la souffrance et au malheur d'autrui plutôt qu'à un agissement criminel, et cependant, dans certaines limites qu'il faut expliciter, les deux sont également pensables : ils fondent la socialité. Pour Aristote, par exemple, le processus d'identification au malheur du semblable se fait, dans le cas du spectacle tragique, par le biais de la frayeur. La frayeur éprouvée par le spectateur naît de l'*analogie* : en l'autre souffrant, je reconnais, virtuellement, ma propre souffrance. Puisqu'il souffre, je pourrais souffrir aussi : le malheur est bien celui de mon semblable. Ce qu'Aristote attribue à la frayeur, Rousseau l'impute au principe de pitié, mais le schème n'est pas très différent : le principe de pitié, antérieur à la raison mais que la raison ne désavouera pas, s'énonce comme « répugnance innée à voir périr ou souffrir tout être sensible et principalement nos semblables ». Caractérisant ainsi la pitié, Rousseau lui accorde ce qu'Aristote accordait à la frayeur : la reconnaissance du semblable, l'attention portée à son malheur. « Quand la force d'une âme expansive m'identifie avec mon semblable, et que je me sens pour ainsi dire en lui, c'est pour ne pas souffrir que je ne veux pas qu'il souffre » *(Émile)*. Devant des manquements dont les motivations seraient par nous identifiables (passion, vengeance, intérêt, volonté de puissance, etc.), la même reconnaissance du semblable peut s'exercer : nous jugeons alors en hommes également faillibles. Nous portons jugement dans la mesure où, ce que nous pouvons *punir* et/ou *pardonner*, nous le « comprenons ». En punissant, nous mettons un terme aux agissements. En pardonnant, nous délions le coupable et lui redonnons la possibilité de repartir de zéro[1]. Le problème est qu'il nous faut désormais affronter des crimes impunissables autant qu'impardonnables : ceux qu'aucune « motivation » ne peut expliquer et qu'aucune reconnaissance du semblable ne permet de « comprendre ». Aussi cette nouvelle espèce de criminels est-elle au-delà de toute « identification » possible, s'il est vrai que le meurtrier se meut encore dans un domaine qui nous est familier : celui de la vie et de la mort. Plus terrifiante encore que ce constat – bien qu'elle en soit le corrélat – est l'idée que les victimes, dégradées, dépossédées de leur humanité et installées dans une égalité indifférente pire que la mort, sont elles aussi soustraites aux critères de la reconnaissance du semblable. « Ce n'était pas un monde. Ce n'était pas l'Humanité. Je n'en étais pas. Je n'appartenais pas à cela », s'écrie le témoin horrifié qui pénètre en 1942 à l'intérieur du ghetto de Varsovie.

Avec le mal radical – œuvre de la liberté des hommes quelconques – disparaît la mesure de l'humain et donc disparaît le monde. Mais il revient peut-être à la *responsabilité d'appartenance* de prendre en charge ce qu'une « identification » devenue problématique ne parvient plus à restaurer. Le mal radical a détruit le monde qui à la fois sépare et relie les hommes entre eux, mais le même mal radical enveloppe un mode de responsabilité qui tend à recréer un monde. Le même mal radical qui installe irrémédiablement la possibilité de l'inhumain dans l'humain nous enjoint de prendre la mesure de ce dont les hommes sont capables et qui est apparemment sans limites. Cette responsabilité peut avoir, à l'égard des victimes, la capa-

---

1. Sur la punition et le pardon qui arrachent les hommes à l'irréversibilité d'une situation où ils ne peuvent défaire ce qu'ils ont fait, on se référera aux belles analyses de Hannah Arendt dans *Condition de l'homme moderne*, Paris, Calmann-Lévy, 1983, p. 266 *sq.*

cité *rédemptrice* par laquelle on leur restitue une humanité déniée. Si la moderne figure du mal radical a engendré une perte en monde – une perte de l'espace commun mais aussi, comme on l'a vu avec la « crise » de l'identification, une perte de la capacité à partager le monde avec autrui –, le renoncement au schème de la causalité nous projette en avant vers l'infini d'une tâche. Le monde est l'infini d'une tâche.

Si le mal radical met en évidence l'aporie d'une certaine pente spéculative, sa « figuration » historique et politique révèle le point de rupture où se trouvent ruinés nos catégories politiques traditionnelles et nos critères de jugement moral. On est en droit de dire que l'échec de la causalité est aussi une crise de la compréhension. Faisant de l'émergence du mal radical le pivot de l'analyse du siècle, Hannah Arendt se demande ce que devient la *compréhension* – cette activité sans fin par laquelle nous nous efforçons d'être en accord avec le monde qui est notre habitat commun – dans le sillage d'événements irréparables. Si les phénomènes totalitaires sont l'événement central du siècle, comment nous réconcilier (réconciliation qui ne doit pas être entendue en un sens hégélien) avec un monde où de tels événements sont seulement possibles ? Nous nous heurtons à un phénomène doublement insurmontable : d'une part il résiste à la compréhension et « pulvérise » littéralement nos catégories de pensée – ce dont témoigne la détresse de l'explication –, d'autre part il a été commis par des hommes dont, apparemment, rien ne nous sépare, sinon l'usage de leur liberté dans l'expérience. C'est à ce double titre que nous sommes confrontés à une expérience – *radicale* ou *extrême* – d'absolue non-appartenance au monde. Ceux qui en ont été frappés, ce ne sont pas seulement les victimes déjà anéanties avant leur mise à mort, ce sont aussi les fonctionnaires du mal, dépossédés, *par l'usage de leur liberté*, de leur aptitude à discerner le bien du mal, le juste de l'injuste.

Le problème d'un « défi porté par le mal à la pensée » ne

concerne donc pas seulement la frustration qui s'attache à une recherche inaboutie : le mal « défie la pensée », dit Arendt, parce que la pensée tente d'atteindre la profondeur, de toucher aux racines, et que dans le cas du mal (entendons du mal commis par Eichmann) elle ne trouve rien sinon l'absence de pensée. On a vu ce qu'il en était de la « profondeur » et de la « radicalité » dans la perspective kantienne, et que le problème n'était pas celui de l'enracinement des mobiles et des motifs mais du fond sans fond de la liberté comme fait intelligible. Si le mal défie la pensée, c'est aussi et surtout parce qu'il met en échec la puissance de l'explication ; le mal absolu, une fois récusée la causalité du démoniaque, nous confronte à une aporie fondamentale : « il n'existe pas pour nous de raison compréhensible pour savoir d'où le mal moral aurait pu tout d'abord nous venir ». A l'énigme de l'origine, s'ajoute le *scandale* de sa *banalité* : le *scandale des scandales*, pourrait-on dire, celui qui nous expose, dans la crainte et le tremblement, à l'angoisse devant l'irréparable. Une fois éradiquée l'idée que les auteurs du mal relèvent d'une altérité absolument autre, la *banalité* nous *oblige*, en termes éthiques et politiques, à la *responsabilité de notre appartenance au genre humain*. Elle nous soustrait irrémédiablement non seulement à toute intelligibilité fallacieuse, mais aussi à toute consolation illusoire, à toute justification mensongère. Le mal défie la pensée s'il est vrai que la question – profondément kantienne dans son inspiration – « Combien de temps faut-il, par exemple, à une personne ordinaire pour vaincre sa répugnance innée au crime ? » est l'une des plus vertigineuses qui soient.

Mais ce même défi porté à la pensée contient déjà implicitement la possibilité d'un renversement, d'une réorientation de la démarche. La perte de la maîtrise du sens, le renoncement à l'origine – c'est-à-dire la reconnaissance de l'aporie spéculative – livrent la question du mal à une sorte de dessaisie conceptuelle : la raison est bien, comme l'écrit Jaspers, confrontée à ses limites. Mais c'est à ce prix qu'une conversion est possible vers le terrain pratique et politique, vers la sphère de l'agir. Inscrire la relation au mal dans l'ordre de la pratique tient précisément au caractère insondable de sa raison d'être. C'est à l'inintelligibilité de l'origine (il y a le mal, mais nous ne savons pas pourquoi) que tente de « répondre », en aval, l'inscription du mal dans la sphère pratique. Le refus de la théodicée [1] et la critique de la théologie rationnelle entraînent le déplacement de la question vers le plan de l'agir humain : d'où vient que nous *faisons* le mal ? Y a-t-il dans l'histoire et la politique des occasions « privilégiées » de réalisation du mal ?

Le mal radical dans l'histoire et la politique

La problématisation du mal radical ne s'achève pas, comme on pourrait le croire, avec l'aveu de l'insondable, mais elle accompagne la troisième et la quatrième partie du texte sur la *Religion*. L'anthropologie morale n'a pas seulement affaire à l'espèce mais aussi au *monde* : elle est du monde et dans le monde. Aussi la question qui succède au non-savoir de l'origine et renverse l'orientation de la démarche n'est-elle pas « Que dois-je faire ? », mais « Que puis-je espérer [2] ? ».

Si l'on a pu, bien qu'avec difficulté, concevoir la corruption

1. Kant n'a jamais écrit de théodicée mais un essai « Sur l'insuccès de tous les essais philosophiques de théodicée » (1791). On montrera plus loin qu'une certaine lecture du « mal radical » permet, dans la ligne de la critique de la théologie spéculative, de rendre opératoire la distinction de l'*a-thée* et de l'*a-théologique*.
2. Je dis ici ma dette à l'égard des analyses de Paul Ricœur dans *Le Conflit des interprétations* (Paris, Éd. du Seuil, 1969). Ricœur insiste à plusieurs reprises sur le fait que la problématique du mal radical ne concerne pas seulement l'*Analytique*, c'est-à-dire « la démonstration régressive du principe formel de la moralité », mais aussi la *Dialectique*, c'est-à-dire « la composition et la réconciliation de la raison et de la nature ». C'est en cela notamment que l'*Essai sur le mal radical* manifeste son écart par rapport au seul formalisme. L'exigence de totalité ou de totalisation propre à la *Dialectique* nous place dans un champ tout différent de celui du « Que dois-je faire ? » : elle implique l'espoir d'un « accomplissement » où l'aliénation se mêle inextricablement à la promesse.

d'un homme originairement bon devenu mauvais, est-il impensable, suivant le schéma inverse, d'espérer un « relèvement du mal au bien », c'est-à-dire une « restauration » de la *disposition* au bien ? On saisit alors la connexion du mal, de la liberté et de l'espérance : parce que la disposition *(Anlage)* est invincible, l'homme, créé pour le bien mais perverti dans son être de liberté, ne peut voir dans le mal ni une orientation irréversible ni l'effet d'une cause extérieure qui lui échapperait totalement. Si rien ne peut faire que l'homme cesse d'agir librement, la *visée* du bien n'est pas anéantie par le choix du mal. Parce qu'il faut préserver l'indétermination principielle de la liberté, on ne conclura ni à la nécessité du mal ni à son caractère irrésistible : c'est de là que procède l'espérance d'un rétablissement de la disposition au bien. Mais en matière de pratique politique ou institutionnelle, il faut se garder de la confusion entre *visée* et *accomplissement*. On peut certes espérer, mais *que* peut-on espérer ? Rappelons que l'homme n'est pas bon moralement mais qu'il a été créé *pour le bien*. Le problème n'est donc pas tant la réalisation de l'espérance que le bien comme *fin* : c'est précisément en ce point de flexion que l'aliénation se mêle inextricablement à la promesse et que le mal radical de l'institution apparaît comme le corrélat du mal de la liberté. Si l'on prête attention, comme le fait Ricœur, au fait que le mal radical accompagne toute la démarche du texte sur la *Religion*, on constate que ce n'est pas seulement l'indétermination radicale de l'origine qui s'y trouve déployée, mais aussi le mouvement de sa totalisation. La façon dont Kant, avant même de passer à la question des institutions religieuses, appréhende la figure du Christ est en soi révélatrice : c'est au titre de *médiateur* que le Christ constitue une figure *exemplaire* et non parce qu'il représenterait l'Idée – pour nous inconcevable, du fait des limites de notre raison – du Bon Principe. Si Kant met ainsi en garde contre la divinisation du Christ, c'est parce que sa *validité exemplaire* doit permettre l'*imitation* sans induire la superstition liée au faux culte et à la fausse Église. L'imitation est en quelque sorte le progrès à l'infini que nous propose l'exemplarité de sa figure, mais jamais elle ne coïncidera avec un terme déclaré inachevable. La même inspiration anti-dogmatique régit le développement relatif à la grâce : je ne peux qu'espérer la grâce sans que cette espérance devienne jamais un savoir. On ne peut renoncer à l'espérance (ce serait admettre l'orientation irréversible du mal), mais tout comme le non-savoir de l'origine, dont elle est en quelque sorte le répondant, l'espérance est un non-savoir. Tout se passe *comme si* l'homme était mauvais par nature et, conséquence obligée, tout se passe *comme si* l'homme ne pouvait renoncer à l'espérance.

Mais la synthèse de l'espérance ne saurait être réalisée par un individu isolé : l'attachement de Kant au présupposé de la communicabilité universelle – dont on a déjà remarqué qu'il fondait une éthique de la véracité – le conduit à insérer le sujet individuel dans une totalité organisée, autrement dit une Église et, plus largement, une institution. C'est sur le fond d'une expérience originelle de la communicabilité[1] que la synthèse de l'espérance conduit au monde où les hommes s'associent entre eux dans une totalité organisée. Il leur faut adhérer à une totalité empirique, mais celle-ci est constamment menacée par le faux culte, c'est-à-dire par la falsification. Aussi retrouvons-nous, au seuil de l'institutionnalisation, une sorte d'*analogon* du mal radical : inversant l'ordre des rapports entre la maxime et les motifs sensibles, l'Église peut subordonner la loi morale à des besoins issus de la crainte et du désir, engendrant ainsi la superstition. Le mal véritable, le « mal du mal », apparaît alors, comme le souligne encore Ricœur, dans le champ même où se produit le religieux : champ investi par l'exigence de totalisation propre à la Dialectique mais corrompu dans des institutions qui sont au premier chef des institutions « du rassemblement, de la récapitulation, de la totalisation ». La

---

1. Le « sens commun » n'est pas seulement la condition du jugement de goût, mais le présupposé nécessaire de la connaissance et de l'action morale.

problématique du mal radical se poursuit et s'achève avec la
« pathologie de l'espérance » propre aux expressions falsifiées
de la synthèse : « le mal vraiment humain concerne les synthèses prématurées, les synthèses violentes, les courts-circuits
de la totalité ; il culmine dans le sublime, avec la "présomption" des théodicées, dont la politique moderne nous offre de
si nombreux succédanés. Mais cela est possible, précisément,
parce que la visée de la totalité est une visée irréductible et
qu'elle ouvre l'espace d'une Dialectique de la volonté *totale*,
irréductible à la simple Analytique de la volonté *bonne*. Il y
a bien des synthèses perverses, parce qu'il y a une question
authentique de la synthèse, de la totalité, ce que Kant appelle
l'objet entier de la volonté [1] ». La radicalité du mal révèle alors
l'intrication du désir de la totalité et de sa pathologie. Si les
institutions sont en quelque sorte l'occasion privilégiée de la
réalisation du mal, c'est que le *faire* de l'institution prétend
rabattre la visée sur l'accomplissement et porter la fin au
niveau de la réalisation, méconnaissant ainsi la distance irréductible entre l'*œuvre* et la *tâche*. Il y a certes une espérance et
une attente, mais elles ne peuvent être remplies : l'accomplissement, c'est précisément la synthèse falsifiante, la fraude dans
l'œuvre de totalisation. Par exemple, c'est nier l'insondable
pouvoir de la liberté que de vouloir – par une politique de la
régénération – extirper du cœur de l'homme jusqu'au désir de
faire le mal : le mal est le mal *de* la liberté. Une politique de la
vertu, telle la politique jacobine, qui prétend éradiquer le mal
en se faisant réformation et œuvre de salut est condamnée aux
errements du politique moralisant. Car l'idée même de régénération porte en elle une équivoque foncière et la possibilité de
sa propre perversion : celle qui fait se retourner, fût-ce à son
corps défendant, une volonté politique fondée sur une approche
moralisante en façonnement démiurgique et en technologie du

---

1. P. Ricœur, « Démythiser l'accusation », in *Le Conflit des interprétations*, *op. cit.*, p. 339-340.

pouvoir. Lorsqu'on prétend substituer à la contrainte du « despotisme » un ordre qui « se meut par soi-même et obéit à sa propre harmonie » (Saint-Just), on pose en même temps les conditions de possibilité d'un pouvoir techniquement achevé, d'une libération qui porte en elle les germes de la plus grande servitude.

Certes, la politique n'est pas le mal : elle n'est que l'occasion de la réalisation du mal quand elle prétend se substituer au règne des fins et se faire, à travers une dogmatique de la rédemption, *réalisation* du bien. Lorsqu'à la politique moderne, et plus particulièrement à la politique révolutionnaire, se trouve impartie la tâche de changer le monde et de changer la vie, lorsque la « sainteté » investit l'œuvre politique et que la foi messianique se cristallise sur la volonté de « régénération », la politique devient l'abcès de fixation de la volonté du bien ou, pour parler en termes kantiens, de la requête d'un objet entier de la volonté. La fraude dans l'œuvre de totalisation, c'est alors l'élévation de la politique au rang de substitut de la théodicée. Mais, comme l'a écrit Brecht, « redoutable est la tentation d'être bon... » : l'hyperbole positive de la politique, identifiée au *kingdom of lightness*, n'est ainsi que le symétrique inversé de son hyperbole négative – celle du *kingdom of darkness*.

C'est à Kant qu'il revient d'avoir analysé avec la plus grande lucidité les renversements auxquels s'expose le politique moralisant ainsi que les égarements d'une politique qui se veut théologie sécularisée. La métaphore de la « courbure » (l'homme est *curvus in se*, fait d'un « bois noueux », d'un « bois courbe »), à laquelle Kant a recours dans de nombreux textes [1], interdit toute « solution parfaite » ou achevée – toute

---

1. En particulier dans la troisième partie de *La Religion* : « L'idée sublime impossible à jamais réaliser pleinement d'une cité éthique se rapetisse fort, dans les mains des hommes, elle devient alors en effet une institution qui en tout cas ne pouvant en représenter purement que la forme, se trouve fort limitée quant aux moyens d'édifier un pareil ensemble dans les conditions de la nature

« solution » au demeurant, pour autant que ce terme n'a de sens que mathématique et non politique. La tâche politique – l'organisation institutionnelle d'êtres raisonnables mus par l'« insociable sociabilité » – ne requiert pas plus l'*angélisme* des citoyens qu'elle ne justifie le recours au despotisme, envisagé alors comme seul rempart devant la méchanceté humaine. Kant renvoie donc dos à dos le despotisme moral (« malheur au législateur qui voudrait établir par la contrainte une constitution à fins éthiques, car non seulement il ferait ainsi le contraire de cette constitution, mais de plus il saperait sa constitution politique et lui ôterait toute solidité[1] ») et le despotisme politique dont pourrait se prévaloir le pessimisme anthropologique. Or le refus de cette alternative, que Kant juge irrecevable, relève de la problématique du mal radical : c'est ainsi que l'indécidabilité de son jugement sur la Révolution française (la grandeur inoubliable du « signe historique » qui révèle la disposition morale de l'humanité mais qu'on ne peut dissocier de ce crime ineffaçable qu'est le régicide) a sa source dans l'idée du mal radical comme penchant de la nature humaine, penchant non extirpable et insondable abîme d'un pouvoir originaire susceptible de s'orienter vers le bien *ou* vers le mal. La Terreur peut ainsi être lue comme le « signe historique » de la radicalité du mal, qu'aucun despotisme moral ne saurait extirper. Mais à l'inverse, rien ne peut justifier un despotisme politique qui se tient totalement à l'écart de toute considération éthique tout en prétendant parer à la méchanceté humaine.

Dans les deux cas, la confusion que dénonce Kant est celle de l'État juridico-civil (politique), régi par des « lois d'ordre public », et de l'État éthico-civil (éthique), régi par des « lois de vertu ». Le principe même de la communauté juridico-poli-

---

humaine sensible. Mais pourrait-on s'attendre à pouvoir charpenter avec un bois aussi courbe quelque chose de parfaitement droit ? »
1. *La Religion*, *op. cit.*, troisième partie.

tique – dont les lois ne visent que la « légalité » des actions qui « frappent la vue et non la moralité (intérieure)[1] » – interdit, selon Kant, l'accès à l'intériorité des consciences et des cœurs ainsi que la confusion entre la tâche politique (garantir l'exercice de la Constitution républicaine, fût-ce chez un peuple de « démons ») et l'idéal éthique (« devenir aussi bon qu'on était méchant autrefois »). La perspective kantienne, explicitement ordonnée à la question du mal radical, ne doit pas être lue seulement (même si à certains égards les textes s'y prêtent) de façon restrictive : comme si l'enjeu n'était que la limitation du souverain et la défense de l'autonomie de l'individu devant la puissance de l'État. Kant n'est pas (ou pas seulement) du côté d'une « politique de l'entendement » qui s'opposerait aux prétentions illégitimes d'une « politique de la raison ». Mais la question ici posée – et dont témoignent sa perplexité devant l'événement révolutionnaire, son admiration devant le « signe historique » et sa condamnation de l'entreprise en tant que telle – est infiniment plus complexe : si quelque chose est laissé « vide », revient-il à la pratique politique de remplir ce vide ? Et si oui, comment ? Lui revient-il de le remplir comme « œuvre » ou comme « tâche » ? Car si la finalité du lien religieux est la régénération de la volonté, telle n'est pas la finalité du lien politique, qui est d'accorder ensemble, sous une règle commune, des volontés « impures ».

Cette distinction de l'œuvre (vouée à l'accomplissement) et de la tâche (qui a pour « principe » l'inachèvement) est sous-jacente à la célèbre analyse de la deuxième section du *Conflit des facultés*, où la distinction entre le point de vue de l'acteur engagé dans l'action et celui *des* spectateurs, étroitement liés les uns aux autres par une « sympathie d'aspiration qui touche de près à l'enthousiasme », est le fil conducteur de l'appréciation portée sur l'événement révolutionnaire : « Que la révolution d'un peuple spirituel que nous avons vue s'effectuer de

---

1. *Ibid.*

nos jours réussisse ou échoue ; qu'elle amoncelle la misère et les crimes affreux au point qu'un homme sage, s'il pouvait espérer, l'entreprenant une seconde fois, l'achever heureusement, se résoudrait cependant à ne jamais tenter l'expérience à ce prix – cette révolution, dis-je, trouve néanmoins dans les esprits de tous les spectateurs (qui ne sont pas engagés dans ce jeu) une *sympathie* d'aspiration qui touche de près à l'enthousiasme et dont la manifestation même exposait au péril, qui par conséquent ne pouvait avoir d'autre cause qu'une disposition morale du genre humain[1]. » Si la question du mal radical n'est pas étrangère à ce texte, c'est par le biais d'une méditation sur la *partialité tragique de l'action*. Car l'action, nécessairement partiale et partielle, implique une suspension de l'intellection adéquate. Tout se passe donc comme si la suspension de l'agir était, en raison des polarisations qu'il opère inévitablement mais aussi du « terme » qu'il implique, la condition de l'intelligibilité : intelligibilité du « signe historique » qui témoigne de la disposition *morale* de l'humanité. C'est ainsi que la réflexion sur la partialité tragique ouvre, dans le champ même de l'agir et de la pratique, sur la question d'une institution politique de la liberté qui ne ferait pas « œuvre », qui ne se donnerait pas sous la figure de l'« œuvre ». Loin d'avoir échappé à l'analyse kantienne, la conscience d'une tension difficilement résorbable entre le terme et l'interminable est à rapporter à la synthèse de l'espérance : car le mal humain, ce sont aussi les synthèses prématurées qu'entraîne la fatalité de l'agir.

---

1. Il n'est pas indifférent de remarquer qu'Arendt prend appui sur ce texte – et sur le privilège accordé aux spectateurs non engagés dans l'action, aptes dès lors à déceler dans le cours des événements un sens qui échappe au point de vue partiel et partial de l'acteur – pour fonder sa propre lecture de la faculté de juger. Car elle entend ainsi valider la signification *politique* du jugement, lequel jugement, loin de s'exercer dans la solitude, entre moi et moi-même, constitue le domaine public qui donne sens à l'événement particulier. Mais on observe que dans cette lecture la question du mal est singulièrement absente, ainsi que le motif de la partialité tragique de l'action.

Si donc le mal radical concerne la liberté dans son « procès de totalisation » autant que dans son indétermination initiale, on peut s'étonner qu'Arendt, si attentive au caractère irréductible de la finitude et aux incertitudes d'une action à la fois imprévisible et immaîtrisable, n'ait pas accordé davantage d'attention à la problématique kantienne et qu'une réflexion sur le mal totalitaire n'ait pu s'enraciner, plus profondément, dans la dénonciation par Kant – *à partir* de la spécificité du mal radical – des « courts-circuits de la totalité ».

Et pourtant, elle indique dans *Le Système totalitaire*, mais comme en passant, que, si le mal radical nous confronte à la disparition de tout repère identificatoire, il nous fait entrevoir, plus ou moins confusément, qu'avec la politique moderne quelque chose est advenu « qui n'aurait jamais dû se trouver dans la politique au sens usuel du terme, à savoir le tout ou rien – tout, c'est-à-dire une infinité indéterminée de formes de la communauté humaine ; ou rien, dans la mesure où une victoire du système concentrationnaire signifierait la même inexorable condamnation pour les êtres humains que l'usage de la bombe à hydrogène pour la race humaine [1] ».

Or l'alternative du « tout ou rien » déborde très largement le fait du système concentrationnaire : elle a même, en ce qui concerne la politique moderne, une valeur paradigmatique. Car le mal radical du politique, c'est précisément le saut dans la radicalité : ce dont témoigne par exemple une dogmatique de la rédemption, qui, après tout, n'est qu'une forme du « tout est possible ». La forme ultime de la synthèse perverse, c'est le saut dans la radicalité du « tout est possible ». On ne fait alors qu'accentuer le paradoxe lorsqu'on observe que l'artisan de cette synthèse – le fonctionnaire du mal – n'est le plus souvent qu'un homme ordinaire, un « exemplaire typiquement gris », « ni infâme ni héros » (Primo Levi). Dans le fragment que nous

---

1. *Op. cit.*, p. 180-181.

avons cité plus haut, Arendt fait référence à ce qu'elle tient pour les deux expériences fondamentales du siècle : l'expérience des totalitarismes, qui met en lumière l'antinomie de la politique et de la liberté ; les potentialités d'anéantissement, qui résultent de l'organisation rationnelle des États modernes et laissent entrevoir, de façon presque apocalyptique, l'antinomie de la politique et de la conservation de la vie. Dans les deux cas, c'est bien la radicalité du « tout est possible » qui est à l'horizon de l'expérience. Et nous ne sommes, apparemment, pas très loin de la perspective de Leo Strauss écrivant dans « Les trois vagues de la modernité » que, dans la politique des Modernes, connaître devient « une espèce de faire » et que « l'homme peut transformer un matériau corrompu en un matériau exempt de corruption ». En d'autres termes, passer au-delà de l'inachèvement de la liberté en radicalisant la possibilité du *faire* humain, c'est poser en même temps – corrélativement – qu'il n'y a pas plus d'obstacles à la dégradation presque illimitée de l'homme qu'il n'y en a à son progrès illimité ou à son pouvoir de se libérer du mal. « L'homme est par nature malléable presque à l'infini. Selon l'expression de l'abbé Raynal : l'espèce humaine est ce que nous voulons la faire. L'homme n'a pas une nature à proprement parler qui poserait une limite à ce qu'il peut tirer de lui-même [1]. »

1. *Droit naturel et Histoire*, Paris, Flammarion, « Champs », 1986, p. 235.
La position de Strauss consiste à déceler dans toute la philosophie politique moderne les germes d'un historicisme qui tend à annuler l'écart entre l'être et le devoir-être, le réel et l'idéal. L'historicisme ruine l'idée d'un droit naturel ordonné à l'existence d'un étalon transhistorique du juste et de l'injuste et remet ainsi en question la possibilité même de penser le juste et l'injuste. La première étape de la philosophie politique moderne consisterait à réduire le problème politique à un problème technique, ce qui préparerait la voie à une philosophie de l'histoire centrée sur la « ruse de la raison » et à l'inversion du rapport entre morale et politique. Contrairement à la philosophie politique classique, où la question du « meilleur régime » est posée en référence à une Nature normative, la philosophie politique moderne abandonne la représentation d'un ordre des fins et met en place une conception non téléologique de la naturalité : la nature initiale de l'homme consiste dans ces conditions à ne pas avoir de « nature ». L'homme est « par nature » un être sous-humain capable de devenir bon ou

Mais la problématique du mal radical interdit précisément cette malléabilité car elle permet, paradoxalement, de résister à la radicalisation du *faire* humain. Pas plus que l'espérance, la « libération » n'est un savoir. A la perfectibilité, il n'y a pas de terme achevable, non parce que, comme le soutient Leo Strauss, « il n'y a pas vraiment de constitution naturelle de l'homme » mais parce que se libérer du mal, c'est se libérer du mal de la liberté et donc se libérer de la liberté. La synthèse perverse du « tout est possible » opère dans les deux sens : soit qu'on veuille libérer l'homme du mal qui l'habite et transformer un matériau corrompu en matériau non corrompu ; soit qu'on le transforme en animal dénaturé dont la seule « liberté » consiste à conserver l'espèce. Le rigorisme *méthodologique* de Kant le conduit ainsi à récuser la double possibilité d'une politique radicale fondée sur la radicalisation du *faire* : libération illimitée ou dégradation illimitée sont les deux faces d'une même synthèse perverse.

Replaçant ainsi la politique dans l'élément du mal radical, Kant barre la voie à toute politique radicale. Il ne veut pas pour autant signifier que la politique doive être identifiée au mal : pas plus qu'il n'égrène la litanie des accusations contre l'humanité, il ne s'abandonne à déplorer les divers maléfices de la politique. S'il y a un mal politique, c'est que la politique se déploie dans l'élément d'une liberté dont le fond est insondable et que la totalisation est habitée par le risque de la perversion. Le mal radical révèle une pathologie spécifique qui n'est pas pour autant l'incarnation hyperbolique du mal. Refu-

---

mauvais. De cette indétermination fondamentale procède l'idée « moderne » d'une liberté non justifiée par référence à quelque chose de plus haut que l'individu ou simplement que l'homme en tant qu'homme. Le problème n'est pas ici d'adhérer à l'interprétation massive que Strauss propose de l'idéalisme allemand et de sa soumission à l'historicisme, mais au contraire de montrer que la problématique du mal radical liée à l'énigme de la liberté va contre la réduction du problème moral et politique à un problème technique et qu'elle interdit toute radicalisation du faire à partir d'un homme « naturel » supposé infra-humain et pré-moral.

sant l'alternative du *kingdom of darkness* ou du *kingdom of lightness*, d'une politique radicalisée négativement – diabolisée, en quelque sorte – ou d'une politique qui, parlant le langage de la théodicée, prétendrait incarner l'attente de la promesse, Kant adosse la politique à un principe de discernement du mal tout en maintenant l'écart irréductible de l'être et du devoir-être. Le mal radical inscrit la politique sur le trajet qui va de l'énigme de l'origine à l'indétermination relative de la fin. Mais ce trajet n'est pas une effectuation. Aussi la politique n'est-elle pas déclarée « maléfique », car sa pathologie relève d'un mal plus insondable que la perversité du pouvoir : le mal de la liberté. Ce mal de la liberté, on peut aussi l'appeler un mal du vivre-ensemble, un mal radical du politique, plus « originaire », dans son indicible banalité, que les maux du pouvoir ou de la domination. De cette paradoxale « vérité » du politique, nulle gouvernementalité rationnelle ne viendra jamais à bout, ni celle du despotisme politique ni celle du despotisme moral. La problématique du mal radical n'est donc pas étrangère à une certaine « manière politique » de la philosophie kantienne. Si le penchant au mal appartient à l'essence de la liberté humaine – précédant en cela tout acte déterminé –, alors tout commencement peut être dit « terrible » : effrayant et admirable, inoubliable et ineffaçable. La grandeur de l'acte de liberté est elle-même terrifiante parce qu'elle renvoie à une initialité absolument énigmatique. Interrogeant de surcroît le projet comme il avait interrogé le fondement, Kant y découvre là aussi l'indétermination et la non-coïncidence de l'instituant à l'institué : comment pourrait-on faire du droit avec du courbe ?

Parce que cette manière politique, arc-boutée sur la problématique du mal radical, dévoile une sorte d'entre-deux indépassable, un « vertige » de la chose politique que ne saurait résorber aucune construction artificialiste, elle n'est pas sans affinités avec l'une des sources inaugurales de la philosophie et de la philosophie politique : celle qui n'a jamais appréhendé le politique que comme élaboration infinie du vivre-ensemble et qui ne s'est pas armée de l'autorité du concept pour le surdéterminer « philosophiquement ». Celle pour qui l'institution raisonnable de l'homme « animal politique » n'efface pas le risque de la démesure et la menace tragique. Car c'est bien la mise en perspective des deux versants de la pensée d'Aristote, celui de la *Politique* et celui de la *Poétique*, qui révèle l'enracinement de l'homme « animal politique doué de *logos* » dans le fonds ténébreux du *deînon* qu'aucune rationalité ne saurait épuiser. Ce que donne à penser Aristote, c'est donc cette pathologie originaire du politique qu'on pourrait appeler l'*abîme de la socialité dans la constitution du vivre-ensemble*.

3

L'abîme de la socialité dans la constitution du vivre-ensemble

Cette pathologie du politique, on l'appellera donc, en s'inspirant de la célèbre formule de Rousseau dans *Le Manuscrit de Genève* (l'action de la volonté générale est « l'abîme de la politique dans la constitution de l'État »), l'*abîme de la socialité dans la constitution du vivre-ensemble*. Cette idée n'est pas, bien entendu, sans rapport avec ce que Paul Ricœur nomme « les complicités d'une affectivité humaine accordée au terrible dans l'histoire ». Il faut, ajoute-t-il, aller chercher « très bas et très haut » ces complicités et ces témoignages d'une « physiologie de la violence ». Très bas, dans les « dessous de la conscience », là où, à la faveur de certains événements, quelque chose en nous se trouve « rejoint et délié [...] quelque chose de sauvage, quelque chose de sain et de malsain, de jeune et d'informe[1]... ». Ce « quelque chose », on le désignera non pas comme « violence » mais comme « fureur[2] », parce que la violence implique (ou peut impliquer) une socialité déjà mise en forme jusqu'au sein même des institutions, tel le monopole de la « violence légitime » que Max Weber accorde à l'État. A côté de la violence qui ruine, il y a, écrit Machiavel, la violence qui fonde, la violence instauratrice des

---

1. « L'homme non violent et sa présence à l'histoire », in *Histoire et Vérité*, Paris, Éd. du Seuil, 1955, p. 237.
2. Sur les « fureurs » du politique, je me permets de renvoyer à mon livre *D'une mort à l'autre. Précipices de la Révolution*, Paris, Éd. du Seuil, 1989, et plus particulièrement au dernier chapitre, « Le désordre fondateur ».

bâtisseurs d'empires et des « nouveaux princes ». La violence est-elle alors suffisamment in-forme pour rendre compte d'un tel « abîme » ?

On reviendra donc, pour tenter de l'approcher, à l'une des sources inaugurales de la philosophie et de la philosophie politique : à savoir Aristote. Et ce pour retrouver, à travers un certain mode de lecture, les éléments qui font d'Aristote *à la fois* le penseur de cette « dangerosité » de la chose politique – d'une « affectivité accordée au terrible » – et celui d'une institutionnalisation du lien humain qui ne s'appuie pas – ou pas entièrement – sur la gouvernementalité rationnelle précédemment évoquée. Car ces deux versants de la pensée d'Aristote ne sont pas dissociables, pas plus que ne le sont la visée de la *Poétique* et celle de la *Politique* : tout se noue autour du rapport qu'entretiennent ces deux textes ou, pour le dire en d'autres termes, autour du refus de disjoindre la dignité de l'existence politique sous les espèces du raisonnable et l'horizon du « terrible » et de la menace tragique. Ce fil conducteur, on le suivra en parcourant trois motifs tenus pour décisifs : l'articulation de la *disposition politique* et de la *disposition mimétique*, l'ancrage de la *phronesis* (de la sagesse pratique) dans le *deînon*, enfin l'interprétation de la *katharsis* comme « travail du politique ».

Disposition poiétique et disposition mimétique

L'homme d'Aristote est, selon la formule canonique du livre I de la *Politique*, un animal politique doué de *logos* : de discours et de raison. Seul entre les vivants, il est apte à discerner les valeurs, à percevoir l'utile et le nuisible, le juste et l'injuste, le bien et le mal. Il ne désire pas seulement « vivre », mais « bien vivre ». Or rien n'est plus fragile que la visée du « bien-vivre », que cette aspiration qui s'attache en propre à la « vie bonne ». Si l'homme accompli est le meilleur de tous, il est aussi – virtuellement – le pire de tous : lorsqu'il se trouve « séparé de la loi et de la justice », il va jusqu'à perdre figure humaine. Car la nature a donné à l'homme des *armes* dont il peut user diversement : pour la prudence et la vertu, mais aussi à des fins diamétralement opposées. Il en va ainsi du discours, toujours susceptible de ces glissements vertigineux, de ces retournements quasi imparables que Platon dénonce inlassablement dans l'usage sophistique. Il en va de même pour l'incessante mobilité des affects et des passions. Mais que ce dire-vrai puisse toujours s'inverser en dire-faux ou (ce qui est pire) en savoir-dire, que les affects s'orientent vers le meilleur ou vers le pire ne fait pas l'objet d'un traitement identique chez Platon et chez Aristote : car c'est ici qu'intervient le statut accordé par Aristote à la *disposition mimétique*, cet autre accès à l'humain que ménage le chapitre 4 de la *Poétique*. Animal politique par excellence, l'homme est aussi animal mimétique par excellence : seul entre les vivants, il a – inscrite dans sa nature – cette aptitude à imiter qui est au fondement des premiers apprentissages et des premières connaissances. « Dès l'enfance les hommes ont, inscrites dans leur nature, à la fois une tendance à représenter – et l'homme se différencie des autres animaux parce qu'il est particulièrement enclin à représenter et qu'il a recours à la représentation dans ses premiers apprentissages – et une tendance à trouver du plaisir aux représentations » (1448 b).

L'homme d'Aristote se trouve ainsi doublement caractérisé : la *Politique* fait de lui l'être doué de raison et de discours qui, à la différence des animaux et des dieux, accède à la réalisation de l'humain dans la Cité, où il peut mener une vie conforme à la nature. La parole et la raison fondent la possibilité du lien humain et l'existence plurielle se règle, en dernier ressort, sur la normativité de la nature. Nous devenons humains en devenant politiques. Mais la *Poétique* accorde à l'homme une disposition qui est, elle aussi, une différence spécifique et qu'on pourrait dire encore plus primitive puisqu'elle ouvre, dès la première enfance, la possibilité du langage, du discours, de la connaissance et du plaisir : soit sous la forme de l'activité (la production des œuvres), soit sous la forme de la réceptivité (le plaisir qu'on éprouve devant l'œuvre). Ainsi, nous devenons humains parce que nous sommes mimétiques.

On s'interrogera alors sur le rapport qu'entretiennent ces deux dispositions ou, en d'autres termes, sur la signification de cette double entrée dans l'humain. Il y a, entre les deux déterminations, une analogie de structure, mais elles ne sont pas exactement symétriques : la disposition mimétique « précède » en quelque sorte la disposition politique. Elle la prépare, c'est-à-dire la rend possible. Nous sommes *naturellement* des êtres mimétiques parce que nous naissons avec cette tendance et qu'elle fonde et accompagne nos apprentissages intellectuels et affectifs. En ce sens, la *mimesis* « enseigne ». Nous sommes par nature *(phusei)* des animaux politiques parce que – êtres doués de *logos* – c'est au sein d'une communauté politique que nous sommes susceptibles d'actualiser les potentialités proprement humaines.

Dans les deux cas, la détermination téléologique est évidemment présente. La *phusis*, qui « ne fait rien en vain », tend à procurer ce qu'il y a de meilleur : la Cité, qui est un « fait de nature », existe donc pour permettre le « bien-vivre ». Dans la *Politique*, l'argumentation par la cause finale justifie explicitement la « naturalité » de la Cité et, par voie de conséquence, l'appartenance « naturelle » de l'homme à la communauté politique : « toute cité est un fait de nature, s'il est vrai que les premières communautés le sont elles-mêmes. Car la cité est la fin de celles-ci, et la nature d'une chose est sa fin, puisque ce qu'est chaque chose une fois qu'elle a atteint son complet développement, nous disons que c'est là la nature de la chose, aussi bien pour un homme, un cheval ou une famille. En outre, la cause finale, la fin d'une chose est son bien le meilleur, et la pleine suffisance est à la fois une fin et un bien par excellence » (I, 2, 1252 b - 1253 a).

Pourquoi la nature, qui, encore une fois, ne fait rien sans dessein, nous a-t-elle donné la disposition mimétique comme source de nos apprentissages, de nos connaissances et de nos émotions ? La *mimesis*, elle aussi, se rattache à la nature, et le concept de *phusis*, s'il n'est pas explicitement thématisé dans la *Poétique*, y revient sans cesse comme concept opératoire. Mais que cette disposition soit « orientée » – et elle l'est nécessairement, dans la perspective qui, au-delà d'Aristote, est celle des Grecs – n'entraîne pas la disparition de l'incertitude, même sous des formes qu'on pourrait qualifier de « majeures »[1]. Car s'il est vrai que la disposition mimétique est cette aptitude quasi illimitée à produire des représentations, sa puissance productive peut être normée sans être contrainte. L'usage antiplatonicien de la *mimesis* autorise cette interprétation, qui est de grande conséquence en ce qui concerne la pensée du politique. Rappelons (sans revenir sur la condamnation platonicienne de la mauvaise *mimesis* génératrice d'illusion, ni sur le bannissement des poètes tragiques hors de la Cité, qui n'est lui-même qu'une dérivation) qu'Aristote opère un double déplacement de l'usage platonicien de la *mimesis* :

– Il contracte ou rétrécit la *mimesis* platonicienne en la faisant porter sur l'*humain* et, plus précisément encore, sur les hommes agissants et (faudrait-il ajouter) souffrants. En ce sens, on passe d'une *mimesis* généralisée à une *mimesis* restreinte, d'une *mimesis* qui prend la mesure du réel en se référant, selon le

---

1. Je n'irai donc pas dans le sens de l'interprétation de Jacques Derrida, lorsqu'il voit dans la « naturalité » de la *mimesis*, « réduite » et « confiée par Aristote à la parole de l'homme », un geste « constitutif de la métaphysique et de l'humanisme » (« La mythologie blanche », in *Marges de la philosophie*, Paris, Minuit, 1972, p. 283). En ce qui concerne mon propos, le fait que la *mimesis* soit *mimesis phuseôs* n'entraîne pas que la détermination téléologique – qu'on ne saurait évidemment contester – joue de manière contraignante et que le dévoilement de la nature par la *mimesis* relève de l'« anthropophysique » comme symptôme d'une métaphysique du propre. D'autre part, le postulat d'une unité de l'onto-théologie interdit de tirer les conséquences de l'usage antiplatonicien de la *mimesis*, que je tiens pour décisif chez Aristote. Car il ne s'agit pas moins, avec Aristote, que de penser la vérité d'un imaginaire en acte.

critère de la ressemblance, à des formes stables et intelligibles à une *mimesis* qui se déploie dans le champ de l'agir et du pâtir humain. Chez Platon, la *mimesis* est un mode de la participation ; chez Aristote, elle explore le possible et donne à voir ce qui pourrait être autre qu'il n'est.

– Mais si elle ne se règle plus sur un modèle idéal et éternel, la *mimesis* aristotélicienne est – dans les limites qui lui sont imparties et qui sont celles de l'humain – productive et poïétique. Si la soumission au modèle ne s'exerce plus à la manière platonicienne, la *mimesis* s'élargit et se dilate sous la forme d'une activité créatrice et non plus seulement redoublante ou « imitative » au sens banal du terme. Tout se passe donc comme si Aristote ne délimitait la sphère dans laquelle se déploie la *mimesis* (celle de l'humain et de sa re-présentation) que pour mieux asseoir la puissance de l'imaginaire et sa vérité. Le rôle du poète est « de dire non pas ce qui a lieu réellement, mais ce qui pourrait avoir lieu dans l'ordre du vraisemblable ou du nécessaire » (*Poétique*, 9, 1451 a). L'usage platonicien est ordonné à la vérité du modèle et au risque de la dispersion illusoire, celui d'Aristote à la vérité d'un imaginaire en acte qui ne va pas sans risque.

Ces deux mouvements – resserrement de la *mimesis* dans le champ de l'humain et dilatation de la puissance imageante ou imaginante – vont de pair et leur association n'est pas étrangère au *principe d'incertitude* qui habite la disposition mimétique. La disposition mimétique est éminemment paradoxale car elle « enseigne » le *logos*, elle donne à comprendre – intellectuellement et affectivement –, elle fonde la communicabilité (tous les hommes, et pas seulement les philosophes, ont du plaisir à apprendre) : en ce sens, c'est bien dans cette trace que s'élabore l'activité de l'animal politique doué de *logos* qui « apprend » aussi les institutions par la voie de la *mimesis*. Mais la disposition mimétique induit également – du fait de la puissance de l'imagination et du caractère quasi illimité de l'activité représentative – ce qu'on pourrait appeler une téléologie sans terme, ou du moins sans terme réellement et concrètement assignable ou effectuable. *Une téléologie sans dénouement.* Cette hypothèse ne semble pas réellement contredite par l'énoncé canonique de la *Physique*, selon lequel « l'art porte à son terme ce que la nature n'a pas le pouvoir d'achever » (II, 8, 199 a). D'abord parce qu'il s'agit, en ce qui concerne la disposition mimétique, de l'aptitude à produire ou à recevoir des représentations : la tendance est tendance à produire ou à éprouver. L'accent est mis ici sur l'activité en tant que telle, non sur un terme déterminé. Ensuite parce que l'activité mimétique, lorsqu'elle représente des hommes « soit meilleurs, soit pires que nous, soit semblables » (*Poétique*, 2, 1448 a), actualise des potentialités que la nature recèle sans les porter au jour. *Epiteleîn* – exécuter, accomplir –, c'est porter au jour, donner à voir. C'est en regardant des images qu'on apprend à connaître, dit aussi le chapitre 4 : « en effet si l'on aime à voir des images, c'est qu'en les regardant on apprend à connaître et on conclut ce qu'est chaque chose comme lorsqu'on dit : celui-là, c'est lui » (1448 b).

Ce paradoxe originaire de la disposition mimétique, ce principe ou cette loi d'incertitude – que je n'appelle pas « loi d'impropriété »[1] – est ce sur quoi s'enracine la disposition politique : la disposition foncièrement paradoxale et instable du *zôon mimetikon* pré-dispose celle du *zôon politikon*. Le texte de la *Politique* vient ici rappeler l'instabilité fondamentale à laquelle s'affrontent les institutions réglées : l'homme accompli, exercé et perfectionné par l'habitude[2], est le meilleur des

---

1. Comme le fait Philippe Lacoue-Labarthe dans « Le paradoxe et la *mimesis* », in *L'Imitation des Modernes*, Paris, Galilée, 1986, p. 27. Car je ne pense pas que la déconstruction de la métaphysique du propre commande le rapport de la disposition mimétique et de la disposition politique : ce serait suspendre les conditions de l'expérience du politique à une détermination, voire à une surdétermination métaphysique, celle de la « métaphysique de la subjectivité », dont l'unité est par ailleurs douteuse.
2. L'*Éthique à Nicomaque*, II, 1, permet d'expliciter le sens de cette expression : nous n'obtenons de la nature que des dispositions ou des possibilités. C'est à nous qu'il revient de les actualiser.

êtres. Mais lorsqu'il est séparé des institutions – de la loi et de la justice – il est le pire de tous. Entre ces deux extrêmes – l'excellence hors du commun et l'homme absolument dépravé – auxquels on peut difficilement s'identifier, il est permis d'imaginer toute la gamme des cas intermédiaires. Or c'est précisément l'homme « intermédiaire » *(metaxu)*, celui qui n'atteint ni l'« excellence dans l'ordre de la vertu et de la justice » ni la pure méchanceté, qui est, comme l'explicite le chapitre 13 de la *Poétique*, le héros tragique par privilège, l'homme faillible, c'est-à-dire humain : « Reste donc le cas intermédiaire. C'est celui d'un homme qui, sans atteindre à l'excellence dans l'ordre de la vertu et de la justice, doit, non au vice et à la méchanceté, mais à quelque faute, de tomber dans le malheur... » (1453 a).

Or le *zôon politikon*, bien qu'il soit *logon ekôn*, est cet homme fragile à qui la nature a donné des armes *(opla)* susceptibles d'être utilisées pour le meilleur et pour le pire. Le texte de la *Politique* ne précise pas ce que sont ces « armes » : aussi a-t-on pu supposer qu'il s'agissait du discours, ou encore des passions et des affects (c'est notamment l'hypothèse de Bernays). Mais pourquoi ces « armes » ne seraient-elles pas tout simplement la disposition mimétique elle-même, qui englobe à la fois l'usage du discours et le déploiement des affects ? Auquel cas l'*instable stabilité* de la communauté politique s'inscrirait dans la trace du paradoxe de la disposition mimétique tel qu'il vient d'être envisagé [1].

Cette instable stabilité ne contrevient pas à la visée du « bien-vivre », mais elle vient confirmer que la norme téléologique ne saurait être arrêtée dans une détermination unique et univoque. L'usage anti-platonicien de la *mimesis* opère également dans le refus d'une unicité du « bon » régime. Il est bien connu

---

1. Cette idée de l'instable stabilité de la communauté politique fait par ailleurs écho à la question de la *stasis* qui hante en permanence la belle totalité harmonieuse de la Cité.

qu'Aristote admet au livre III de la *Politique* l'existence de plusieurs formes *correctes* de constitutions ou de gouvernements *(politeia)*[1] même s'il maintient la visée du meilleur[2]. Mais on pourrait repérer, plus subtilement, la mise en œuvre de la disposition mimétique dans la thèse selon laquelle les peuples sont diversement disposés à telle ou telle forme de gouvernement (sans jamais l'être toutefois à la tyrannie, qui est une forme contre-nature) : Aristote tente ainsi de fonder la pluralité sur la diversité des aptitudes produisant des tempéraments différents[3]. Mais plus éclairant encore est ce passage du livre VII (chap. 8) : « comme c'est, en effet, de différentes façons et par des moyens différents que les divers peuples cherchent à atteindre le bonheur, *ils se créent à eux-mêmes des modes de vie et des institutions qui varient de l'un à l'autre* [je souligne]. C'est donc bien à partir de cette disposition naturelle à produire des représentations que les peuples inventent ou imaginent – à leurs risques et périls, faudrait-il ajouter – des institutions et des mœurs »[4].

1. « Quand le détenteur unique de l'autorité, ou le petit nombre, ou la masse, gouvernent en vue de l'intérêt commun, ces constitutions sont nécessairement des constitutions correctes... » : royauté, aristocratie et république sont donc des formes correctes quand elles s'exercent d'une manière conforme à l'utilité générale (*Politique*, III, 7).
2. « Et puisque, selon nous, les constitutions correctes sont au nombre de trois, et que, de toute nécessité, la meilleure d'entre elles est celle où l'administration est entre les mains des hommes les plus vertueux (et telle est celle dans laquelle il arrive qu'un seul individu, ou une famille entière, ou une pluralité d'hommes, surpasse tous les autres ensemble en vertu, ces derniers étant capables d'obéir et les premiers de gouverner en vue de réaliser la vie la plus désirable) » (*Politique*, III, 18). Mais on remarque que, même dans ce cas, le « meilleur régime » n'interdit pas la pluralité : un seul, quelques-uns ou un grand nombre d'hommes (les plus « vertueux ») peuvent gouverner.
3. *Politique*, III, 17 : « il convient de déterminer ce qui dispose un peuple soit à un gouvernement monarchique, soit à un gouvernement aristocratique, soit enfin à un gouvernement libre ».
4. C'est l'inspiration que retrouvera Montesquieu dans *L'Esprit des lois*, notamment au livre XXIX, lorsqu'il fera de la « modération » la qualité du législateur qui adapte son activité à la diversité des circonstances : temps, lieux, climats, mœurs... S'il faut savoir conformer la législation aux manières d'être particulières, c'est que plusieurs régimes peuvent être bons.

Que la pluralité soit ici accordée à l'activité mimétique sans que soit abandonnée la visée du « bien-vivre » atteste non seulement que les communautés politiques se constituent et perdurent parce qu'elles sont mimétiques (et l'organicité n'est pas ici une référence puisque les institutions et les mœurs sont changeantes : la flexibilité est le risque qu'assume Aristote), mais que la normativité laisse sa part à l'indétermination. La disposition mimétique « travaille » la disposition politique sous la forme d'une invincible ambiguïté : celle de la limite et de l'illimité. Méditons alors la leçon d'Aristote – la plus intempestive et donc la plus actuelle –, celle-là même que retrouvera, par d'autres détours, la préface de l'*Esprit des lois* : « L'homme, cet être flexible, se pliant dans la société aux pensées et aux impressions des autres, est également capable de connaître sa propre nature lorsqu'on la lui montre, et d'en perdre jusqu'au sentiment lorsqu'on la lui dérobe. »

La *phronesis* et le *deînon*

Si la *mimesis* est ainsi l'index de la disposition politique, le *deînon* est l'index de la *phronesis*. En sorte que le jeu de la « sagesse pratique [1] » et du « terrible », de l'« inquiétant », du « merveilleux » (la polysémie du *deînon* englobe toutes ces connotations), vient encore renforcer celui de la limite et de l'illimité.

Pierre Aubenque, dans *La Prudence chez Aristote* [2], a insisté sur la source tragique de la *phronesis* aristotélicienne qui, par-delà l'usage platonicien, lui fait retrouver une inspiration plus archaïque, pré-philosophique pour ainsi dire : celle de la tragédie. Que la *phronesis* diffère de la *sophia* – comme la sagesse

---

1. On traduira *phronesis* par « sagesse pratique » plutôt que par « prudence », qui affaiblit et restreint le sens du vocable grec, surtout dans son usage aristotélicien.
2. Paris, PUF, « Quadrige », 1991.

pratique de la sagesse spéculative – tant par son objet que par sa validité spécifique est le vecteur essentiel du livre VI de l'*Éthique à Nicomaque* : la *phronesis* ne relève pas du savoir de l'immuable, et nous ne saurions attendre, dans l'ordre des choses humaines, des démonstrations parfaites. La distinction rigoureuse entre le nécessaire et le contingent, le domaine de la scientificité et celui de l'agir, interdit donc l'idée d'une « science » de la pratique ou de la politique [1].

Mais comment l'indétermination originaire de la disposition mimétique vient-elle s'articuler à l'inquiétante étrangeté que met en œuvre la tragédie ? « Beaucoup de choses sont inquiétantes, mais aucune n'est plus inquiétante que l'homme » : c'est ainsi que débute le célèbre premier *stasimon* de l'*Antigone* de Sophocle. Le *polla ta deîna* est, comme le fait remarquer Steiner [2], d'un usage très ambigu : le *deînon* implique à la

1. La distinction de la *phronesis* et de la *sophia* est également déterminante chez Hannah Arendt, qui prend appui sur une position résolument aristotélicienne. Mais sa lecture de la *phronesis*, notamment dans *La Crise de la culture* et dans *Juger. Sur la philosophie politique de Kant*, n'accorde que peu de place à la source tragique. Car la reprise opératoire de la distinction entre la sagesse spéculative et la vertu prudentielle (ou « perspicacité jugeante ») est essentiellement destinée à réhabiliter le statut de la *doxa* (l'opinion) face au primat de la vérité rationnelle : il s'agit avant tout de sauvegarder la spécificité d'une pensée politique « représentative » (qui admet la discussion) devant les prétentions légiférantes d'une vérité qualifiée de « coercitive » parce qu'elle exige « péremptoirement » d'être reconnue. En ce sens, la *phronesis* est la faculté qui rend l'homme capable de s'orienter dans le monde commun, dans le monde des affaires humaines. Arendt met ainsi l'accent sur la sagesse pratique plus que sur la sagesse tragique, l'objectif étant de montrer que la pertinence de l'action ne peut se fonder sur l'évidence contraignante de la vérité rationnelle.
2. Voir *Les Antigones*, Paris, Gallimard, 1986, p. 99. Mais l'ambiguïté est également soulignée par de nombreux commentateurs qui, tous, insistent sur l'amplitude et la complexité du champ sémantique du *deînon*. Ainsi, Martha Nussbaum : *« No unique English translation for this word is available. Most generally, it is used of that which inspires awe or wonder. But in different contexts it can be used of the dazzling brilliance of the human intellect, of the monstrousness of an evil, of the terrible power of fate »* (*The Fragility of Goodness*, Cambridge University Press, 1986, p. 52). Voir également Ch. Meier, *De la tragédie grecque comme art politique* (Paris, Les Belles Lettres, 1991), qui insiste sur l'ampleur du champ sémantique du *deînos*, toujours à propos du premier *stasimon* de l'*Antigone* de Sophocle (p. 232-233).

fois la terreur et l'excès, mais aussi la sagacité, l'ingéniosité ou la sagesse pratique. Ce dont témoigne, quelques vers plus loin, la description de l'homme à l'esprit « ingénieux », « armé » contre tout et susceptible de prendre la route du mal comme celle du bien : « ainsi, maître d'un savoir dont les ingénieuses ressources dépassent toute espérance, il peut prendre ensuite la route du mal tout comme du bien ». Le *deînon* est donc polysémique et polymorphe, et Sophocle aura thématisé cette étrangeté de l'intelligence humaine. Mais il ne suffit pas d'observer, comme le fait encore Steiner, qu'Aristote, analysant le rapport du discours et de la mise en commun des évaluations et des sentiments moraux [1], commente le versant « positif » du *deînon* (la sagacité, la sagesse pratique, l'aptitude au discernement des valeurs) que favorise l'entrée en institution. Car si commentaire il y a, ce qu'on peut difficilement contester, il ne va pas seulement dans le sens de l'exaltation du raisonnable, ni même des bénéfices que l'homme tire de la fondation de la Cité. Aristote, en effet, commente également la dualité d'un être à la fois infiniment industrieux (*pantoporos*, dit le texte de Sophocle) et totalement désarmé *(aporos)* contre la mort. Si la Cité est un remède à la fragilité, la mise en commun des sentiments moraux, des paroles et des actes n'est en aucun cas une garantie définitive. Ce qu'énonçait le texte de Sophocle – « maître d'un savoir dont les ingénieuses ressources dépassent toute espérance, il [l'homme] peut prendre ensuite la route du mal tout comme du bien » –, la *Politique* le reprend de façon quasi textuelle : la nature a donné à l'homme des « armes » dont il peut user à des fins diamétralement opposées. Et si nous admettons les implications de la polysémie du *deînon* (terreur, excès/sagacité, sagesse pratique), alors nous admettrons aussi

---

[1]. « [...] Le discours sert à exprimer l'utile et le nuisible, et par suite aussi, le juste et l'injuste car c'est le caractère propre de l'homme par rapport aux autres animaux, d'être le seul à avoir le sentiment du bien et du mal, du juste et de l'injuste, et des autres notions morales, et c'est la communauté de ces sentiments qui engendre famille et cité » (*Politique*, I, 2).

que l'usage aristotélicien de la *phronesis* (distincte de la *sophia*) s'apparente – sémantiquement et conceptuellement – à l'un des versants de ce *deînon* dont Aristote, bien évidemment, n'ignore pas l'insondable complexité. Peut-être alors ne suffit-il pas de voir dans le *phroneîn* – faculté de discernement et délibération droite – une réplique (la seule possible si réplique il y a) au « terrible » ou au « terrifiant » : le *deînon* est tout à la fois sa matrice, le ressort de sa démarche et son index. Ainsi, la lumière de la *polis* ne succède pas aux ténèbres de la fureur « pré-politique », elle n'efface pas la sauvagerie, elle la contient, aux deux sens du terme : elle la comprend en elle et la limite. La distribution des lumières et des ombres – ce que désigne en langage pictural le clair-obscur – renvoie de ce fait à l'homme « intermédiaire », dont il est permis de penser qu'il est non seulement le héros tragique par excellence (*Poétique*, chap. 13) mais, comme on l'a suggéré, le vivant politique dans son humaine réalité : ni dans la clarté des justes ni dans la nuit des méchants.

Le statut qu'Aristote accorde à la *phronesis* relève assurément d'une ontologie de la contingence, mais aussi – et les deux axes sont complémentaires – d'une disposition inverse de la disposition platonicienne, foncièrement anti-tragique. Ce n'est pas seulement qu'Aristote entreprend, dans la *Poétique*, de faire la théorie de la tragédie alors que pour Platon celle-ci est contraire à la vérité et à la logique philosophique parce qu'elle représente « une action et la vie[1] ». L'homme tragique – et la chose s'atteste avec la polysémie du *deînon* – est, plutôt que l'homme de l'ambiguïté, celui de l'oxymore. Ce que la logique platonicienne tente de « liquider » parce qu'elle le pense incompatible avec les réquisits d'un monde ordonné (l'expulsion du poète tragique sur le mode du rituel du *pharmakos* en est le symptôme), la démarche aristotéli-

---

1. V. Goldschmidt, « Le problème de la tragédie d'après Platon », *Questions platoniciennes*, Paris, Vrin, 1970, p. 136.

cienne l'*élabore*, et cette élaboration passe par le « nouage » de la matière tragique et de la capacité d'institution politique. Si la politique d'Aristote échappe, dans une grande mesure, aux apories répétées de la politique philosophique, c'est parce qu'elle n'est pas foncièrement anti-tragique : elle prend appui sur le tragique pour penser l'entrée en institution et les conditions de possibilité du vivre-ensemble. Aussi le libre commentaire, par Aristote, du chœur de l'*Antigone* de Sophocle pourrait-il s'énoncer en ces termes : la *phronesis* est la faculté dont dispose un homme infiniment industrieux et infiniment démuni *(pantoporos aporos)*.

« De la tragédie comme art politique » : cette expression peut et doit s'entendre en plusieurs sens. Le premier a été explicité par J.-P. Vernant et P. Vidal-Naquet[1] : chez les Grecs, une scène est associée à la Cité, et la tragédie n'y est pas seulement une forme d'art ni même une institution sociale. A travers elle, « la cité se fait théâtre ; elle se prend en quelque sorte comme objet de la représentation et se joue elle-même devant le public ». Mais, loin de refléter purement et simplement la réalité de la *polis*, la tragédie met cette réalité en question et la rend problématique en la présentant « déchirée, divisée contre elle-même ». Ainsi, la fin de l'*Orestie* d'Eschyle montre que l'institution du tribunal humain – qui a pour fonction de clore l'interminable enchaînement des vengeances et des atrocités de la maison des Atrides – ne met pas véritablement fin à l'ambiguïté ni aux tensions tragiques, au conflit du droit ancien et du droit nouveau, du passé et du présent. Si l'on admet qu'une part importante de la réflexion politique se déroulait, à Athènes, sous les espèces de l'art, la tâche de la tragédie comme « art politique » était de mettre en scène la formation de la Cité, ses conflits et ses crises (tout ce qui la menaçait jusqu'au risque de la dislocation et de la dé-liaison),

---

1. *Mythe et Tragédie en Grèce ancienne*, Paris, Maspero, 1973.

et de les réélaborer ou de les refigurer afin que puisse s'opérer, au miroir de la tragédie, une véritable conscience de soi publique.

Mais la tragédie est aussi « l'art politique par excellence » parce que, comme le soulignait Hannah Arendt[1], le *drama* imite l'action, le *drama* est le seul art susceptible de révéler dans leur spécificité l'action et la parole des hommes, le « flux vivant de l'agir et du parler ». Et il est vrai qu'Aristote écrit au chapitre 2 de la *Poétique* que ceux qui « imitent » (ou « représentent ») prennent pour objet des « personnages en action » et que la tragédie est « représentation non d'hommes mais d'action, de vie et de bonheur... » : ce n'est qu'au travers de l'action que se dessinent les caractères (chap. 6, 1450 a). Et l'on sait que, pour Arendt, l'action est la seule activité qui témoigne immédiatement de la condition humaine de pluralité : lorsqu'on agit, on entre par là même en relation avec autrui (avec, pour ou contre). Le théâtre – mais il s'agit en l'occurrence de la tragédie – opère donc la transposition en art de l'agir-ensemble : voilà pourquoi il peut être dit « l'art politique par excellence ». Mais en donnant pour ce motif essentiel un statut politique à la tragédie (statut qu'on ne saurait contester : la tragédie a bien pour contenu l'action et c'est bien, en définitive, la Cité qui se prend pour objet de la représentation), Arendt rend-elle entièrement compte de la reprise de la poétique dans et par la politique ? Le statut *mimétique* de l'action – c'est-à-dire de l'activité politique – se résout-il dans la transposition en art de la condition humaine de pluralité ? Ou bien faut-il se demander ce que, *plus précisément*, la tragédie « met en scène » pour justifier pleinement cette appellation d'« art politique par excellence », et surtout ce qu'elle dévoile de l'*abîme de la socialité dans la constitution du vivre-ensemble* ?

---

1. *Condition de l'homme moderne*, op. cit., p. 210-211.

De la *katharsis* comme « travail du politique »

« La tragédie est la représentation *(mimesis)* d'une action *(praxeôs)* noble [...] mise en œuvre par les personnages du drame ; et, en représentant la pitié *(eleos)* et la frayeur *(phobos)*, elle réalise une épuration *(katharsis)* de ce genre d'émotions » (*Poétique*, 6, 1449 b). Dans cette définition canonique, deux éléments au moins posent problème : il s'agit d'une part du « genre d'émotions » que sont la pitié et la frayeur, présentées, sur le mode de l'évidence, comme les affects tragiques par excellence, et d'autre part du statut et du rôle de la *katharsis*.

Eleos et *phobos* sont les ressorts émotionnels *(ta pathemata)* spécifiques de la tragédie. Cette spécificité, Aristote ne la justifie pas : il énonce comme allant de soi que frayeur et pitié sont les émotions pénibles et douloureuses (elles sont « peine » et « désordre », précise la *Rhétorique*) qu'il convient de soumettre à la *katharsis*[1]. Il faut attendre le chapitre 13 pour rencontrer une définition – très elliptique – de ces deux affects : la pitié s'adresse à l'homme qui n'a pas mérité son malheur (la *Rhétorique* précise que la pitié implique une certaine distance : il ne faut pas que la douleur nous frappe de trop près et l'on éprouve de la pitié pour un ami, non pour son fils) et la frayeur s'éprouve devant le malheur d'un semblable (là encore, la *Rhétorique* est un peu plus explicite : la frayeur naît de l'inattendu, du malheur imprévu, mais aussi de la reconnaissance du semblable dans l'autre souffrant). Cependant, il importe de souligner que frayeur et pitié ne sont pas l'« expérience pathologique » du spectateur, mais les produits de l'activité mimétique, c'est-à-dire de ce qu'élabore la tragédie lorsqu'elle porte à la re-présentation les incidents pitoyables et effrayants. Il faut donc prêter attention à la connexion – voire à la circularité

---

[1]. Je n'aborde pas ici, car ce n'est pas le propos, la question de la conversion, par l'opération mimétique, de l'affect douloureux en plaisir.

– entre l'aspect *subjectif* des émotions éprouvées par le spectateur et l'inscription de l'effrayant et du pitoyable dans le *système des faits* lui-même. Peut-être faut-il, dans ces conditions, se pencher sur la nature des événements susceptibles d'éveiller pareilles émotions chez le spectateur. Car si violents, si douloureux, si mortifères que soient les événements mis en scène par la tragédie, la violence, la douleur, la mort ne suffisent pas, à elles seules, à provoquer l'effet tragique et toutes les configurations ne sont pas aptes à produire ce dernier [1]. Telle sera donc la question : à quelles conditions des événements peuvent-ils être qualifiés d'« effrayants » et de « pitoyables », en deçà même de leur mise en histoire ou en intrigue ?

Aristote nous fournit au chapitre 14 de la *Poétique* un fil conducteur susceptible d'éclairer la spécificité tragique de l'effrayant et du pitoyable : de tels événements impliquent que les violences (les effets violents : *ta pathè*) surgissent « au cœur des alliances » *(en tais philiais)*. Il faut que les actes ainsi qualifiés concernent des êtres entre lesquels il y a alliance : le frère contre le frère, le fils contre le père, la mère contre le fils, le fils contre la mère [2]... C'est donc le choc du *pathos* et de la *philia* qui ouvre la crise tragique en faisant effraction, de façon inattendue, dans l'ordre des rapports. Car si les relations entre les individus ou les groupes sont d'hostilité *(ekhtra)* ou même de neutralité *(mèdéteros)*, la violence, lorsqu'elle éclate, n'est pas une irruption scandaleuse. Encore faut-il, pour saisir la portée d'une telle effraction, redonner à la *philia* la signification qui

---

1. Le choix des configurations propres à engendrer l'effet tragique, c'est-à-dire à éveiller la frayeur et la pitié, fait l'objet du chapitre 13 de la *Poétique* : après avoir éliminé les cas inappropriés – l'homme absolument juste (dont la perfection ou l'excellence éthique se situeraient hors du commun) et l'homme foncièrement méchant (auquel, à l'extrême opposé, on ne saurait pas davantage s'identifier) –, Aristote conclut que la configuration tragique idéale affecte au premier chef l'« homme intermédiaire », celui qui « sans atteindre à l'excellence dans l'ordre de la vertu et de la justice, doit, non au vice et à la méchanceté, mais à quelque faute, de tomber dans le malheur... ». C'est donc l'homme *faillible* qui fournit la matière du héros tragique.
2. *Poétique*, chap. 14, 1453 b 20.

était la sienne dans l'Antiquité classique et qui excédait de beaucoup la seule relation d'ordre privé, issue de l'inclination des sentiments : ce que nous appelons d'ordinaire « amitié ». Dans la *Poétique*, notamment, la *philia* désigne bien une relation objective, socialement reconnue, voire institutionnalisée : parenté, alliance, hospitalité. Aussi, au chapitre 11 par exemple, s'oppose-t-elle à l'*ekhtra* (la haine, l'hostilité) comme le *lien* qui unit les membres d'un groupe s'oppose à ce que peut entraîner sa violation. Si donc la *philia* peut être entendue – de façon paradigmatique – comme la quintessence du lien politique, on comprendra mieux pourquoi les actes de violence surgis « au cœur » de ce lien suscitent par privilège l'effet tragique. Car c'est de la dislocation de ce lien que naît la tragédie, c'est cette dislocation que la tragédie met en scène : voilà pourquoi elle peut être dite *l'art politique par excellence*. Non seulement, comme l'écrivait Arendt, parce qu'elle a pour unique objet « l'homme dans ses relations avec autrui », mais parce qu'elle met en scène, qu'elle re-présente l'« alliance » (le lien du vivre-ensemble) et aussi le risque de la dé-liaison. Qu'est-ce en effet que la pitié, sinon l'affect fusionnel, l'affect de la communauté fusionnelle, la passion de l'immédiateté et de l'immédiation ? Et qu'est-ce que la frayeur, sinon l'affect de la dispersion et de la dislocation, qui, porté à l'extrême, se nomme *panique* ?

On sait que Freud verra dans la panique le fait même de la désagrégation d'une foule : la situation panique figure ainsi la dissolution des liens objectifs qui assuraient sa cohésion. Car, loin d'être la résultante d'un danger effectif (elle est à l'inverse le plus souvent déclenchée pour des raisons insignifiantes), elle laisse l'individu en présence d'une menace qu'on pourrait qualifier d'« originaire » : celle-là même que la cohésion assurée par les liens affectifs – ce que Freud appelle « structure libidinale » – avait pour objet de conjurer. C'est dans le célèbre essai de 1921, « Psychologie collective et analyse du moi », que Freud commente en ces termes le phénomène de panique : « les liens réciproques se trouvent rompus et une peur immense, dont personne ne saurait expliquer les raisons, s'empare de tous [...] l'individu, envahi par la peur panique, commence à ne songer qu'à lui-même, il témoigne par là même de la rupture des liens affectifs qui jusqu'alors avaient atténué le danger à ses yeux ». Faisant intervenir à l'horizon de son analyse la pulsion de mort, Freud n'est pas loin de penser la panique comme principe *fondateur* de la socialité. Principe de panique, de dissociation ou de dissolution, qui révèle le caractère intraitable d'une socialité foncièrement *paradoxale* : socialité dé-socialisante, ou dé-liante si l'on veut [1].

Frayeur et pitié auraient donc partie liée avec la socialité, avec la possibilité ou l'impossibilité du vivre-ensemble : les conditions de son émergence et de sa constitution, ainsi que l'horizon de sa constitution et de sa ruine. Voilà pourquoi, telle est l'hypothèse, Aristote, lorsqu'il fait la théorie de la tragédie, présente ces deux affects comme allant de soi : émotions proprement tragiques, à la racine de la socialité. Mais loin d'être, comme la *philia*, des affects *politiques*, ils désignent la *pathologie originaire* du lien social. Ils ne constituent pas seulement les bords ou les confins du politique, ils sont les affects de la socialité « brute » qui, de l'intérieur, le menacent, le dérèglent

---

1. Je me permets de renvoyer sur ce point à « De la panique comme principe du lien social », in *La Persévérance des égarés*, Paris, Bourgois, 1992, p. 13-36. J'ai tenté, dans ce texte, de montrer que cette socialité dé-socialisante ou déliante, inscrite dans l'horizon de la pulsion de mort, différait fondamentalement de la conservation de l'espèce induite par Hobbes à partir de la peur *mutuelle* de la mort violente ou de la lutte à mort indissociable, chez Hegel, d'une dialectique de la *reconnaissance*. Freud aurait alors *radicalisé* le paradoxe de la socialité originaire en renvoyant la « dangerosité » de la chose politique à l'abîme de la pulsion de mort qui, dans le collectif comme dans l'individuel, « travaille en silence ». Mais le problème est que, partant de ce paradoxe intraitable et invivable, Freud ne voit d'autre solution, pour parer à la menace, que la substitution du « chef » à l'« idéal du moi » : face à la menace de la dislocation, les individus se précipitent dans la fusion communielle sous la forme du lien au chef ou de l'*archephilie*.

et le ruinent : l'*abîme de la socialité dans la constitution du vivre-ensemble*. La leçon d'Aristote n'est pas seulement que la frayeur et la pitié sont politiquement non pertinentes parce qu'elles submergent les individus et inhibent l'action (telle est la lecture d'Arendt[1], et elle est incontestable), elle est surtout que la *complémentarité* de ces passions inverses interdit de faire de la pitié – qu'on pourrait aussi bien qualifier de « passion de l'un » – la compensation ou la réparation de la frayeur qui dis-socie et dé-lie. Par excès et par défaut (mais l'*ubris* est présente dans les deux cas) elles sont *également* anti-politiques, et elles sont *toutes deux* les ressorts émotionnels qu'il convient de soumettre à la *katharsis*.

En mettant ainsi en relief l'articulation – voire la circularité – de la matière tragique (le genre d'événements que la tragédie met en scène, l'inscription de l'effrayant et du pitoyable dans le système des faits) et des émotions éprouvées par le spectateur, on est conduit à s'écarter aussi bien des lectures morales que des lectures psychologisantes de la *katharsis*. Pour les premières, l'objet de la tragédie est un objet moral puisqu'il s'agit de « purifier » les passions du spectateur. Mais on ne voit nulle part dans la *Poétique* qu'Aristote ait en vue la moralité de l'art : le souci « éthique » passe avant tout par le lien entre l'action *(praxis)* et le caractère *(èthos)*. Pour les secondes (argumentées notamment par Bernays et réactivées par l'interprétation freudienne), l'objet de la tragédie et, plus précisément, de la *katharsis* est la « purgation » de la souffrance et la conversion de l'affect douloureux en plaisir sous la forme d'une « décharge » des affects pathogènes. Mais la condition de la lecture freu-

---

1. « Pour les anciens, l'homme le plus compatissant ne valait pas mieux que l'homme le plus peureux, tant leur était évidente la nature affective de la compassion qui submerge comme la peur sans qu'on puisse s'en défendre. Les deux émotions, en tant que pures passions, rendent l'action également impossible » (« L'humanité en de sombres temps », in *Vies politiques*, Paris, Gallimard, 1974, p. 24).

dienne est précisément l'introduction d'une notion étrangère à la *Poétique*, à savoir l'*identification* du spectateur au héros tragique [1] : or ni la reconnaissance du « semblable » ni l'éveil du « sens de l'humain » – la *philanthropia* – qu'invoque Aristote ne présupposent ni n'appellent une telle identification.

L'hypothèse ici avancée est autre et elle procède essentiellement d'une lecture de la tragédie comme « art politique », expression qui, entendue dans toute l'amplitude de ses significations, cristallise en définitive la nature du rapport entre la *Poétique* et la *Politique*. Car le schème déployé par Aristote fait de la *katharsis* le traitement proprement institutionnel des affects intraitables de la socialité originaire : ce que j'ai désigné (sur le mode du « travail du deuil » ou du « travail du rêve ») comme « travail du politique ». Parler ainsi de « travail du politique » incline donc à penser que la matière brute de la socialité – matière non « épurée » ou non « purgée » – doit être *élaborée*, au sens quasi freudien de la transformation d'une quantité d'énergie : aussi bien la contagion universalisante du « souffrir-avec » que le mouvement de la dispersion panique sont l'objet premier de cette élaboration. Et en insistant de la

---

1. Dans *Totem et Tabou*, au § 7 du chapitre 4, Freud propose la lecture suivante de la « faute tragique » du héros de la tragédie grecque : le héros tragique doit souffrir parce qu'il est le « père primitif » et la « faute tragique » est ce dont il doit se charger pour délivrer le chœur, alors qu'en réalité le crime qu'on lui impute est celui qu'ont commis les membres du chœur, c'est-à-dire la bande des frères qui a tué le « père primitif » : « à l'encontre de sa volonté, le héros tragique est promu rédempteur du chœur ».
Un autre texte, daté de 1905, traduit en français par Ph. Lacoue-Labarthe et J.-L. Nancy dans la revue *Digraphe* (n° 3), se présente explicitement comme une lecture analytique de la *Poétique* d'Aristote, et plus précisément de la fonction kathartique de la tragédie. La condition de la *katharsis* comme « purgation » de la souffrance du spectateur est l'identification de celui-ci au héros de la tragédie : « [le spectateur] veut sentir, agir, façonner toutes choses à sa guise, bref il veut être un héros, et c'est ce dont les poètes dramatiques lui donnent la possibilité en autorisant son identification à un héros ». On peut émettre l'hypothèse que là encore, comme dans le texte de 1921 (« Psychologie collective et analyse du moi »), Freud privilégie, par le biais de l'identification, l'axe de la verticalité et le « penchant » au fusionnel.

sorte sur la complémentarité des deux affects, Aristote échapperait donc au renversement du « mauvais infini » en son contraire. C'est ainsi que la *katharsis* rend la socialité politiquement opératoire : non en expulsant son fonds ténébreux au profit de l'installation définitive du raisonnable – en purgeant le poétique par le politique ou en purgeant le politique du poétique comme de ses humeurs peccantes –, mais sous les espèces d'un traitement indéfiniment renouvelé des passions intraitables. Par où l'on voit que la tragédie grecque était bien plus qu'un genre esthétique et que, par son jeu, elle opérait un travail tout à fait singulier sur l'« assise mentale du politique [1] ».

Il va de soi que cette figure historico-théâtrale de la *katharsis* n'est pas universalisable comme telle. Mais il n'est pas interdit de penser qu'elle possède cette « validité exemplaire » qui lui permet, au-delà de l'unicité du cas ou des circonstances, de donner à voir l'*expérience* même du politique [2]. On se risquera donc à dire : l'expérience du politique est « comme » la *katharsis* en tant que cette dernière ouvre un accès au vivre-ensemble. Le recours à la « validité exemplaire » permet de ce fait de récuser les accusations de nostalgie ou d'anachronisme : nous ne sommes plus des Grecs, la démocratie des Modernes n'est pas celle des Anciens, et la tragédie n'est plus, de nos jours, « l'art politique par excellence ». Reste que

---

1. Ch. Meier, *De la tragédie grecque comme art politique*, op. cit.
2. J'emprunte à la *Critique de la faculté de juger*, et plus particulièrement à la lecture qu'en produit Hannah Arendt (notamment dans *Juger. Sur la philosophie politique de Kant*, Paris, Éd. du Seuil, 1991), cet usage de la validité exemplaire. L'exemple est le particulier qui, n'étant pas universalisable comme tel, renferme en lui-même un concept ou une règle *générale* : le courage est « comme » Achille, la bonté est « comme » Jésus de Nazareth ou François d'Assise, etc. L'exemplaire est donc ce qui (le plus souvent tiré du champ de l'histoire et de celui de la poésie) exhibe, dans sa particularité même, la généralité qu'on ne pourrait déterminer autrement. Kant écrit lui-même au § 32 de la troisième *Critique* qu'il est des conditions où, avec des « préceptes généraux », on ne fera jamais « ce que peut un exemple de vertu ou de sainteté, qui, fixé dans l'histoire, ne rend pas inutile l'autonomie de la vertu à partir de l'Idée propre et originaire de la moralité *(a priori)* ni ne la transforme en un mécanisme d'imitation ».

la tragédie – et plus particulièrement la *katharsis* – a donné à penser ce que peut être l'*élaboration* du social, c'est-à-dire son nécessaire inachèvement. Aristote aurait donc, à travers sa théorie de la tragédie, produit une lecture politique de la *katharsis* en montrant que l'accès au vivre-ensemble se joue et se re-joue indéfiniment dans le traitement de ces fureurs originaires. Nul mieux que Bataille n'a alors saisi ce sens profond de la tragédie qui révèle, depuis les temps pré-politiques, les « possibilités d'accord de l'homme avec la violence » : voilà pourquoi, telle « une fête donnée au TEMPS qui répand l'horreur, la TRAGÉDIE figurait au-dessus des hommes assemblés les signes de délire et de mort auxquels ils pourraient reconnaître leur vraie nature »[1].

Dans cette perspective, les deux traductions possibles de la *katharsis* – « épuration » ou « purgation » – qui, traditionnellement, engageaient soit dans la voie d'une lecture « morale » (le spectateur se trouve « purifié » de ses passions), soit dans la voie d'une interprétation psychologisante (la « purgation » est la décharge des affects ; cette interprétation prend appui sur le livre VIII de la *Politique* où Aristote, traitant des effets de la musique, se réfère à la pratique médicale de la purgation[2]), reçoivent un autre éclairage. Car, s'agissant du « travail du politique », la question est alors de savoir selon quelle moda-

---

1. G. Bataille, « L'obélisque », *Œuvres complètes*, t. I, Paris, Gallimard, 1970, p. 507.
2. Se référant aux « mélodies sacrées » qui « transportent l'âme hors d'elle-même », Aristote écrit que c'est « à ce même traitement [...] que doivent être nécessairement soumis à la fois ceux qui sont enclins à la pitié et ceux qui sont enclins à la terreur, et tous les autres qui, d'une façon générale, sont sous l'empire d'une émotion quelconque pour autant qu'il y a en chacun d'eux tendance à de telles émotions, et pour tous il se produit une certaine purgation et un allègement accompagné de plaisir » (*Politique*, VIII, 7, 1342 a). Il s'agirait donc d'une purgation qui, à la manière d'un traitement médical, allègerait l'âme de son trop-plein ou de ses excès pour la ramener à la modération. C'est cette interprétation que reprendra par exemple Racine lorsqu'il écrira à propos de la tragédie : « La tragédie, excitant la pitié et la terreur, purge et tempère ces sortes de passions, c'est-à-dire qu'en émouvant ces passions, elle leur ôte ce qu'elles ont d'excessif et de vicieux, et les ramène à un état modéré et conforme à la raison. »

lité il peut ou doit s'opérer : faut-il l'envisager comme ascèse purificatrice et « sublimation » ou, ainsi que le suggère la *Politique*, comme réduction de l'excès qu'induit une émotion par trop violente, c'est-à-dire comme « ab-réaction » ? Même si la réponse à une telle question demeure incertaine, cette incertitude n'annule pas la « validité exemplaire » de la *katharsis*, comme l'attestent d'une part l'accent mis (aux chapitres 13 et 18) sur la question de la *philanthropia* et d'autre part le statut de l'« horizontalité » dans la démarche aristotélicienne.

La *philanthropia*, ou « sens de l'humain », intervient au chapitre 13, au moment où Aristote envisage les diverses configurations susceptibles d'éveiller la frayeur et la pitié, c'est-à-dire de produire l'effet proprement tragique. Or il exclut précisément comme étant « la plus étrangère au tragique » la situation qualifiée de *ou philanthrôpon* : contraire à l'humain, contrevenant à ce sens de l'humain qui fait que nous reconnaissons des « semblables » à travers les personnages. L'« effet de criblage [1] » exercé vis-à-vis de la structure de l'intrigue fait donc intervenir, à côté de la frayeur et de la pitié – au titre de condition nécessaire mais non suffisante [2] –, cette *philanthropia* qui entraîne à la fois la reconnaissance du « semblable » et la vraisemblance éthique. Quant au chapitre 18, le tragique y est associé au sens de l'humain comme ce qui découle du « coup de théâtre » *(peripateia)* : il s'agit essentiellement des cas où, par un effet de surprise, la vraisemblance éthique l'emporte sur la vraisemblance pratique.

La circularité, déjà évoquée, de la matière tragique et des émotions éprouvées par le spectateur est ici reconduite par le biais de la *philanthropia* : le sens de l'humain est à la fois

---

1. J'emprunte l'expression à Paul Ricœur, dans *Temps et Récit*, t. I, Paris, Éd. du Seuil, 1983, p. 74.
2. Il y a en effet des cas où le sens de l'humain est satisfait mais qui n'éveillent pas la frayeur et la pitié : tel est le cas, par exemple, de l'homme foncièrement méchant qui tombe dans un malheur mérité. Car la pitié s'adresse à l'homme qui n'a pas mérité son malheur et la frayeur implique la reconnaissance du « semblable ».

inscrit dans la configuration des faits et éveillé dans l'âme du spectateur. *Philanthropôn* désigne en effet ce qui satisfait à un « ordre de valeurs imprescriptibles faisant bonne place au principe de juste rétribution [1] » : une situation qui ne répond pas à ce réquisit est donc d'emblée *hors tragique* (tel est le cas du « répugnant » ou du « monstrueux », par exemple). Mais la *philanthropia – condition de possibilité de la configuration tragique* – ne se situe pas sur le même plan que la frayeur et la pitié : elle n'est pas l'objet de la *katharsis*, elle n'a pas à être épurée. Lorsque Aristote exclut les situations qui n'éveillent ni le sens de l'humain, ni la pitié, ni la frayeur, il veut signifier que le schème tragique est en quelque sorte délimité ou circonscrit par le sens de l'humain, par sa présence ou son absence (dans ce dernier cas, on a affaire au *miarôn*, au monstrueux qui engendre la répulsion). C'est à l'intérieur de cette sphère de la *philanthropia* que prennent place les configurations tragiques et c'est parce qu'elles présupposent le sens de l'humain que frayeur et pitié sont des émotions tragiques. C'est par ce biais que nous retrouvons la question des limites imparties par Aristote à la *mimesis* : celle-ci, contrairement à l'usage platonicien, se déploie par privilège dans le champ de l'agir et du pâtir humain. Aussi le sens de l'humain est-il en quelque sorte le seuil du tragique, seuil à partir duquel est rendue possible la reconnaissance du « semblable ». Or c'est dans ce même chapitre 13 qu'apparaît, peu après la prise en compte du *philanthropôn*, la figure de l'homme « intermédiaire » : figure exemplaire du « semblable » et héros tragique par excellence. La « validité exemplaire » de la configuration tragique idéale ne tient-elle pas alors au fait qu'elle satisfait au plus haut point au sens de l'humain en mettant en scène l'*homme faillible* ? Si le discernement de la faute tragique fait de nous des « juges », « c'est en compagnons d'humanité également

---

[1]. Je suis ici les indications de R. Dupont-Roc et J. Lallot dans leur commentaire du chapitre 13 de la *Poétique*, Paris, Éd. du Seuil, 1980, p. 242.

faillibles, non en ministres de la loi, que nous portons jugement[1] ».

Cela n'est pas sans incidence sur la question de l'« horizontalité » dans la pensée d'Aristote. Car si le « travail du politique » se joue et se re-joue dans le traitement indéfiniment renouvelé des affects intraitables de la socialité brute, cette élaboration de l'*inter-esse* (de l'« entre-deux qui nous rapproche et nous sépare d'autrui », pour reprendre les termes de Hannah Arendt) échappe, théoriquement au moins, aux schèmes traditionnels de la domination ou de la gouvernementalité (fût-elle rationnelle). Ces derniers, en effet, font du rapport commandement/obéissance l'opérateur essentiel du lien social, privilégiant ainsi l'axe de la « verticalité ». Aristote, bien entendu, s'inscrit *aussi* dans cette tradition et n'ignore pas la question du « commandement ». « Toute communauté politique, écrit-il au livre VII de la *Politique*, est composée de gouvernants et de gouvernés[2]. » Mais il nuance immédiatement cette proposition en se demandant si pareils rôles doivent être « interchangeables » : la réponse est qu'une cité composée d'« égaux » doit assurer l'alternance des fonctions de commandement et de subordination. Tous les citoyens « doivent nécessairement avoir pareillement accès à tour de rôle aux fonctions de gouvernants et à celles de gouvernés. L'égalité demande, en effet, qu'on traite de la même manière des personnes semblables... ». Ce qui procède de l'idée, déjà énoncée dans le même livre VII, que la *polis* est « une forme de communauté d'égaux en vue de mener une vie la meilleure possible[3] ».

Il y a de fait comme une tension interne chez Aristote, tension qu'on ne saurait réduire à l'écart entre le descriptif (ou l'empirique) et le normatif (ou l'idéal) mais qui révèle au moins la présence d'une conception non hiérarchique du rapport poli-

---

1. G. F. Else, *Aristotle's « Poetics »: The Argument*, Harvard, 1957, commenté par P. Ricœur dans *Temps et Récit*, t. I, *op. cit.*, p. 75, n. 2.
2. Chap. 14, 1332 b.
3. Chap. 8, 1328 a.

tique. Commentant cette discordance, Hannah Arendt soutient qu'Aristote aurait introduit – avec les notions de « domination » ou de « gouvernement » – des notions, des exemples et des modèles foncièrement étrangers au domaine de la *polis*, lequel ignore les contraintes de la nécessité vitale et la soumission à la domination instituée des autres. En définitive, la philosophie grecque n'aurait pas réussi à élaborer un concept d'*autorité* fondé sur les données de l'expérience politique elle-même : elle aurait ainsi importé des paradigmes empruntés à des sphères non politiques (la sphère domestique, celle de l'économie ou de la « fabrication »)[1]. On remarquera cependant qu'Arendt aurait pu tempérer la sévérité de ce jugement si elle avait eu recours à une lecture moins restrictive de la tragédie comme « art politique » (on a ici tenté de montrer que le statut *mimétique* de l'action ne se résolvait pas seulement dans la transposition en art de la condition humaine de pluralité et de la *praxis*) et si elle ne s'était pas limitée au seul texte de la *Politique*.

Il faut donc insister sur le fait qu'Aristote refuse à l'autorité despotique et, plus généralement, à l'autorité du maître sur ses esclaves la qualité de rapport « politique » : « il n'y a pas identité entre pouvoir du maître sur l'esclave et pouvoir du chef politique », lequel « s'adresse à des hommes naturellement libres »[2]. La communauté politique est une communauté d'hommes libres et la tragédie, « art politique par excellence », se joue devant le peuple assemblé. Manière de dire que le « travail du politique » s'opère (et opère) dans une autre dimension que celle où certains commandent et où d'autres obéissent. Manière donc de questionner l'« évidence » de la soumission et celle de l'*archephilie*. Mais, encore une fois, la « validité exemplaire » d'un tel questionnement excède les repères historico-politiques de la Cité grecque, et ce n'est pas s'abandonner à la

---

1. Voir en particulier « Qu'est-ce que l'autorité ? », in *La Crise de la culture*, Paris, Gallimard, 1972, p. 153-158.
2. *Politique*, I, 7, 1255 b.

nostalgie ou à l'anachronisme que de lire dans le travail de la *katharsis* un autre mode d'accès au vivre-ensemble ou, mieux encore, au partager-le-monde-avec-autrui – un mode d'accès qui nous rappelle l'émergence toujours fragile et l'effondrement toujours virtuel du politique. Et c'est bien dans cette dimension de l'« horizontalité » que s'inscrit Hannah Arendt (en dépit de sa lecture quelque peu restrictive de la tragédie) lorsqu'elle récuse la validité politique du concept d'obéissance – importé, dit-elle, des domaines de l'enfance et de l'esclavage – pour lui substituer l'idée d'un soutien collectif et de l'assentiment donné à une entreprise commune. Le « chef » n'est alors que celui qui « initie » l'entreprise à laquelle les hommes s'associent pour la mener à bien[1]. Aussi, dans cette perspective, la réciprocité est-elle première. Elle implique *entre* les hommes un lien, précaire et menacé certes, mais susceptible, en droit tout au moins, de faire obstacle à la précipitation dans l'*archephilie* et à la fausse évidence de la soumission.

Aristote, penseur de la *Politique* et penseur de la *Poétique*, tient ainsi les deux pôles : celui de la grandeur et de la dignité de l'existence politique sous les espèces du raisonnable (par où est rendue possible la *vita activa*), et celui de l'excès, « délire et mort » pour reprendre les mots de Bataille, qui tient cette existence sous la menace. Or Aristote ne suggère pas de « purger » le poétique par le politique, encore moins de purger le politique du poétique, d'expulser le tremblement au profit de l'installation définitive du raisonnable : car le « nouage » de la matière tragique et de la capacité d'institution politique veut que les affects tragiques, frayeur et pitié, « signes de délire et de mort », ne soient, dans la constitution du lien humain, jamais oubliés, jamais effacés. La *katharsis* est donc l'élaboration de ce « désordre fondateur », non sa domestication, encore moins son éradication. Ainsi, telle est la grande question que

---

1. Voir notamment « Responsabilité personnelle et régime dictatorial », in *Penser l'événement, op. cit.*

nous lègue la pensée d'Aristote : que doit être l'expérience politique, l'expérience du politique, en tant qu'elle recèle *à la fois* le principe de sa grandeur et celui de sa fragilité ? Comment, politiquement parlant, nous conduire en mortels, c'est-à-dire en humains ?

4

La radicalité des Modernes

L'antique dieu mortel

Comment, politiquement parlant, nous conduire en humains, c'est-à-dire en mortels ? On pourrait, par deux fois au moins, s'étonner d'une telle question. Une première fois parce qu'elle convoque Aristote tout en inversant le célèbre passage du livre X de l'*Éthique à Nicomaque*, qui nous invite à nous élever au bonheur parfait de la vie contemplative : « [...] il ne faut pas suivre le conseil de ceux qui nous exhortent à ne nourrir, hommes, que des ambitions d'homme, mortels des ambitions de mortel. Il faut, au contraire, autant qu'il est possible, se conduire en immortel et tout faire pour vivre de la vie de ce qu'il y a de plus haut [1] ». Et une seconde fois parce qu'il est fait appel au même Aristote (dans une perspective transhistorique, voire, ce qui est pire, anachronique ou passéiste ?) afin d'orienter une analyse des conditions spécifiques de la modernité : comment *maintenant, aujourd'hui*, nous conduire en mortels ? Il faudra donc justifier ce propos délibéré qui ne relève ni de la confusion des temps ni de la nostalgie. Se conduire en mortel : pourquoi un tel énoncé, dont on tiendra qu'il est absolument au-delà de toute veulerie et de toute abjection et qu'il ne se réduit nullement à une politique minimaliste de la survie (pas plus que le *bios* ne se réduit à la *zôè*), excède-t-il toute figure historiquement close ?

1. *Éthique à Nicomaque*, X, 7, 1177 b.

Donc, en inversant les termes de l'*Éthique à Nicomaque* (se conduire, autant qu'il est possible, en immortel), je n'entends pas faire dire à Aristote le contraire de ce qu'il dit. Certes, nous devons, par la contemplation (qui est le mode de vie le plus haut que l'homme puisse atteindre), *tendre* à nous immortaliser, mais Aristote n'affirme nulle part que l'assimilation au divin soit effectivement réalisable [1], ni surtout que le *bios politikos* (le mode d'existence politique) puisse, en quelque manière que ce soit, être le substitut d'une telle immortalisation. Non seulement parce que le *bios politikos* n'est pas le mode de vie le plus éminent, mais parce que c'est ainsi que vivent les mortels, qui ne sont *ni* des animaux *ni* des dieux. Lorsque le livre I de la *Politique* fait de l'homme *le* vivant doué de *logos*, cette disposition, il faut le rappeler, est aussi la différence spécifique qui le sépare des autres animaux, solitaires autant que « grégaires », incapables d'avoir le sentiment du bien et du mal, du juste et de l'injuste. Bien qu'aucune forme politique ne soit spécifiquement assignée à cette entrée en institution (dont on a déjà relevé au chapitre précédent le caractère problématique : l'ordre civique est toujours menacé de l'intérieur par la sauvagerie dont il entend se rendre maître), Aristote, quelques lignes plus loin, insiste néanmoins sur le fait que la « vertu de justice » *(dikaiôsunè)* est l'essence de la communauté politique.

Or si la justice n'est pas une vertu parmi d'autres mais *la* vertu matricielle de la communauté, parce qu'elle concerne au premier chef nos rapports avec autrui (« toute mise en commun, confirme le livre VII de l'*Éthique à Nicomaque*, se fonde sur la justice »), l'*isonomie* n'est-elle pas *la* forme politique (ou *le* mode d'institution) du lien social ? Entendons par là que le livre I de la *Politique* n'inscrit pas seulement le partage

---

1. Il faut, *autant qu'il est possible*, nous élever à un savoir de type divin : mais nous n'ignorons pas que seul Dieu peut posséder une telle science. Aussi devons-nous tendre à l'immortalité sans être jamais assurés d'y parvenir : en aucun cas, Aristote n'abolit la distance infinie qui sépare l'homme de Dieu.

du commun sous le surplomb de la menace tragique, la politique dans l'horizon de la poétique, le raisonnable à l'ombre du *deînon* et de la fureur, mais que c'est la communauté politique en tant que telle qui s'institue et se constitue « isonomiquement » : comme si, avant toute détermination particulière d'un « régime » (d'une *politeia*), la forme isonomique était en quelque sorte le principe générateur du politique [1]. Certes, à ne reprendre que sous son seul aspect positif le commentaire de l'*Antigone* de Sophocle, la force de l'homme, ainsi devenu *pantoporos*, se voit augmentée (au double sens du latin *augere* : « accroître » et « confirmer ») par la médiation de la *polis*.

Mais on se souviendra aussi que la Cité isonomique est, potentiellement au moins, la plus *fragile* de toutes : car, pour parler en termes arendtiens, elle est d'abord cet espace public d'apparition qui repose essentiellement sur le « flux vivant de l'agir et du parler » et au sein duquel, « dans un flot d'arguments tout à fait inépuisable », les Grecs apprenaient à *comprendre* et à envisager le même monde à partir de perspectives diverses, voire opposées. Si donc le *politeuesthai* (le « citoyenner ») n'est pas l'apanage de quelques-uns, la *polis* isonomique ne s'en remettra ni au savoir-faire ni à la compétence des experts. Elle ne s'en remettra pas davantage à la généralité abstraite de la loi, défaillante devant la singularité des cas d'espèce. Elle reposera sur une *structure délibérative* partiellement vouée à l'imprévisible, et c'est le principe même de la délibération collective qui se trouve engagé dans les vicissitudes de l'histoire et la fragilité

---

1. On évoquera à ce propos la manière dont Spinoza, notamment dans le chapitre 16 du *Traité politique*, fait référence à l'essence démocratique du lien social. Bien entendu, les fondements et les présupposés ontologiques sont radicalement différents dans les deux pensées. Mais tout se passe comme si la forme isonomique (pratique de la souveraineté partagée qui répond pour Aristote aux exigences les plus fortes du mode de vie politique) et la forme démocratique (définie par Spinoza comme l'identification du droit à la puissance de la multitude) étaient, dans les deux cas, le ressort et le principe de la dynamique constitutive du politique : c'est en ce sens qu'on peut parler de « principe générateur du politique ».

de l'agir-en-commun. Nous disons « agir-en-commun » car il va de soi que la structure délibérative se cristallise en décision et en action et que l'exercice de l'isonomie (et plus particulièrement de l'*isègoria*) ne réside pas dans un interminable échange d'« opinions », au sens vulgaire du terme. La rationalité politique d'Aristote est donc une rationalité délibérante et non une rationalité calculante : délibération avec le tragique, délibération entée sur le tragique, certes (et à ce compte tous les conflits, comme le relève encore Steiner dans *Les Antigones*, ne sont pas négociables : la délibération n'est pas la négociation et on peut délibérer sur de l'intraitable, comme en témoigne la fréquente incitation du chœur tragique à l'*euboulia*). Mais la structure délibérative contient en elle-même le germe de sa propre fragilité, la fragilité constitutive d'une politique qui ne saurait être ni une politique de l'immortalité (les dieux peuvent se passer de Cité, et donc ils ne font pas de politique) ni une pseudo-politique de la survie (individuelle ou collective) : car l'*euboulia* ne va pas sans le *eu zeîn* (le bien-vivre). Aristote ne fait donc de l'existence politique ni un mode d'être dégradé (exalterait-il alors la dignité du vivant politique doué de *logos* ?) ni le substitut d'une divinisation incompatible avec la sagesse grecque des limites (verrait-il alors en l'homme « intermédiaire » – *metaxu* – le héros tragique par excellence, c'est-à-dire l'homme faillible ?). Autrement dit, nulle contradiction à aspirer au bonheur des dieux grâce à la vie contemplative (à s'approcher autant qu'il est possible d'un savoir de type divin) tout en s'acheminant, politiquement parlant, vers ce que l'on est, c'est-à-dire à devenir humains en devenant politiques, ce devenir fût-il habité par le risque de l'inhumain[1]. Il y a peut-être une manière « veule »

---

1. P. Aubenque a admirablement montré dans *Le Problème de l'être chez Aristote (op. cit)* comment Aristote résout de fait le paradoxe de l'imitation par l'homme d'une transcendance divine inimitable. L'homme aristotélicien « ruse avec la contingence », retourne l'imprévisibilité en ouverture, le hasard menaçant en indétermination propice : il humanise le monde faute de pouvoir le divi-

de donner son *assentiment* à la mortalité (encore que ce raccourci soit infiniment contestable), mais tout le problème est de savoir ce qu'on peut entendre par l'idée d'un *dieu mortel*.

On objectera alors, en suivant notamment l'inspiration straussienne, que ce sont précisément les conditions de la politique des Modernes – la perte du référent téléologique et l'abandon de la finalité du « bien-vivre » – qui ont perverti, voire « dégradé », l'idée que les Grecs se faisaient de la « mortalité » des mortels : d'où la perpétuelle oscillation des Modernes entre une conception « minimaliste » du politique (ordonné avant tout à la préservation de la vie et de la sécurité des individus) et la conception « maximaliste » d'une dogmatique de la rédemption : l'attente d'un dénouement qui installe et qui sauve. Il est clair que le « bien-vivre » aristotélicien, outre la fragilité qu'impliquaient d'une part sa visée et de l'autre son exercice, était *intransitif* : ce n'était ni changer le monde ni changer la vie. Ce n'était pas non plus gérer les ruses de la survie.

Mais tout le problème est de savoir s'il y a encore, dans notre présent, quelque pertinence – et quelque courage aussi – à vouloir nous conduire en mortels, en « êtres mortels qui pensent l'éternité, mais ne jouissent pas de l'immortalité[1] », ou bien s'il nous faut choisir, comme le soutient Alain Badiou,

---

niser. Mais cela implique une ambivalence de la temporalité et de la contingence : le temps n'est pas seulement la source de l'éclatement et de la scission, il est aussi l'« auxiliaire bienveillant » de la pensée et de l'action humaine (*Éthique à Nicomaque*, I, 7, 1098 a). L'aspect décisif de l'analyse d'Aristote – et la chose est capitale au regard du mode d'existence politique – est d'avoir mis en évidence que les mortels échappent aux effets destructeurs de la temporalité *par* et *dans* le temps et non par la fuite hors du temps (*Le Problème de l'être chez Aristote*, p. 491 *sq.*).

1. J'emprunte cette belle formule à Paul Ricœur, *Lectures 1* (Paris, Éd. du Seuil, 1991, p. 17), et je me risquerai par ailleurs à lui donner une consonance politiquement spinoziste : c'est par la grandeur fragile des institutions que nous « sentons et expérimentons que nous sommes éternels ».

entre deux suppositions de l'Homme radicalement incompatibles quant à leurs implications éthiques et politiques : celle de l'éthique humanitaire des droits de l'homme, qui réduit ce dernier à la condition souffrante de l'« animal vivant », ou celle de l'éthique des vérités, qui le restitue à sa « singularité immortelle [1] ». Ou encore, pour énoncer une alternative d'un autre ordre, faut-il attendre de la politique qu'elle nous élève – inhumainement ou surhumainement – au-dessus de nous-mêmes ou doit-on seulement lui demander de n'être que l'instrument destiné à garantir la satisfaction de nos besoins et de notre sécurité ? On osera penser que vivre humainement, autant qu'il est possible, ne nous contraint pas à choisir entre ces deux formes de mépris de l'humain : la volonté de le transfigurer par l'abstraction héroïsante et le repli raisonné (autant dire résigné) sur la gestion des idiosyncrasies individuelles.

Mort de l'immortalité ? Le nouveau dieu mortel

Mort de l'immortalité : le titre de ce fragment d'Adorno, dans *Minima Moralia*, conviendrait assez bien – à première vue – au désenchantement d'une politique de la survie paradoxalement fondée sur la fiction d'un individu autosuffisant. Si les Classiques en effet, étrangers au souci de l'origine, se donnaient des institutions et des lois parce que, dans la Cité, ils réalisaient leurs virtualités les plus hautes (c'est ainsi qu'ils se donnaient la mesure de l'immortalité *politique* qui convient aux mortels), les Modernes effectuent cette démarche dans le souci de la survie, de la sécurité et de la conservation de soi. *Mort de l'immortalité* publique, politique, s'il est vrai, comme

---

1. Je fais notamment référence aux thèses de son petit livre, *L'Éthique. Essai sur la conscience du Mal*, Paris, Hatier, 1993. Sur la question de la politique de l'immortalité et du déni de l'héroïsme dans notre temps par « les termes veules d'une philosophie des droits », voir également l'ouvrage de Christian Jambet, *La Grande Résurrection d'Alamût*, Paris, Verdier, 1990.

le souligne Leo Strauss, que la perte du référent téléologique installe la survie de l'individu mortel en posture de fondement. Ce n'est plus le souci de l'immortalité du domaine public qui oriente le comportement humain. Celui-ci est désormais sous l'emprise de la *passion* la plus puissante de toutes : « la peur de la mort violente par le fait d'autrui ». « La mort prend la place du *telos* ou, pour garder l'ambiguïté de la pensée hobbesienne, disons que la peur de la mort violente exprime avec une très grande force la plus puissante et la plus fondamentale de toutes les aspirations naturelles : l'instinct foncier, le désir de sa propre conservation [1]. » *La mort prend la place du « telos »*. Par cette formule saisissante, Leo Strauss veut signifier qu'une autre forme d'horreur – foncièrement étrangère au *deînon* tragique – se tient près du « berceau » de la société civile : non plus le chatoiement, la fascination et l'excès du « terrible », mais la peur animale (« quasi animale » est la vie de l'homme à l'état de nature, écrit Hobbes dans le *Léviathan*) devant la mort. « Les fondateurs de la civilisation n'étaient pas des héros, pas même des héros fratricides et incestueux, mais de pauvres diables nus et tremblants de peur [2]. » Rien de plus étranger au tragique que ce *pathos* de la peur animale, rien de plus étranger à l'expérience politique des Grecs que cette mort qui n'est pas regardée en face dans l'action collective et qui ne s'accompagne pas non plus de l'immortalité potentielle du groupe (telle était par exemple, à Athènes, la fonction majeure de l'oraison funèbre : louer les morts tombés au combat, c'était célébrer la Cité toujours vivante, hors de l'atteinte du temps). Rien dans le texte de Hobbes qui tente d'exorciser « héroïquement » la mort sur le mode de l'épopée grecque, rien qui fasse de la mortalité des mortels un ressort de l'action politique comme telle. Car l'élément décisif, ce n'est ni la certitude de la mort ni même (en dépit des apparences) l'égalité devant la

---

1. Leo Strauss, *Droit naturel et Histoire, op. cit.*, p. 165.
2. Leo Strauss, *Qu'est-ce que la philosophie politique ?*, Paris, PUF, 1992, p. 52.

mort, c'est la *peur*, et la peur est salutaire parce qu'elle signale le danger et accompagne l'instinct de conservation : la peur de la mort est au départ de la survie, au commencement de la *zôè*. Ainsi « naturalisée [1] », la passion de la peur vient donc en lieu et place de l'essence normative de la politique des Classiques, pour qui tous les êtres vivants sont orientés vers une fin, vers la « perfection » à laquelle ils aspirent. En fait, la crainte de la mort violente n'est que l'expression négative de l'instinct de conservation (si le motif de la « mort naturelle » a quelque pertinence, c'est bien dans la thématique de Hobbes), la mort est utile et la vie la gère : la vie est son reste. Telle est donc la nouvelle « normativité » (la mort est « l'unique et absolu standard de la vie humaine, le commencement de toute connaissance du monde réel ») qui s'institue au principe de la politique des Modernes : elle n'est plus *stricto sensu* téléologique, au sens où elle a rompu avec l'antique représentation d'un ordre des fins, mais elle est dérivée d'un commencement qui englobe néanmoins son propre désir : *la mort est pour la vie*. L'être-pour-la-mort est l'instrument de l'être-pour-la-vie.

Ce bref rappel de quelques aspects de l'interprétation straussienne n'a pas pour objet d'ouvrir une discussion sur les conditions générales de la modernité à la lumière de la grande opposition des Classiques et des Modernes. C'est de la « mort de l'immortalité » qu'il est ici question. Car il est vrai qu'à faire des « fondateurs de la civilisation » de « pauvres diables nus et tremblants de peur » et non des héros, ces derniers fussent-ils « négatifs », tout souci de la « gloire », et notamment de l'immortalité glorieuse – en quelque sens qu'on l'entende –,

---

1. C'est la *bodily fear* (la « crainte corporelle », la crainte de celui qui craint pour son propre corps) qui est première. Elle est présentée par Hobbes comme une impulsion naturelle, relevant pratiquement d'une physique des chocs : « cette impulsion qui le pousse à fuir la mort n'est pas moins naturelle que celle qui pousse une pierre à tomber de haut en bas quand elle n'est pas retenue » (*De cive*, I, 7).

paraît aboli. Partant de là, Leo Strauss décrit de manière assez impitoyable la façon dont Hobbes pousse dans ses ultimes retranchements la critique machiavélienne de la philosophie politique des Classiques.

Il revient à Machiavel d'avoir inauguré la modernité en abandonnant l'idée d'une politique normée par un ordre des fins. A la préoccupation du *devoir*-faire (qui n'a jamais produit à ses yeux que de la politique-fiction), il a substitué la considération de la « vérité effective », de la *verita effetuale*. Au lieu de poser la question du « meilleur régime », question liée à la perspective d'une perfection imaginaire, il s'est demandé ce qu'il en était du mode de vie réel des hommes, de la façon dont ils vivaient et agissaient *en fait* : « Il m'a semblé plus convenable de suivre la vérité effective de la chose que son imagination » (*Le Prince*, XV). L'abaissement du « point de mire », c'est-à-dire des critères de l'action sociale, va de pair avec la maîtrise de la nécessité : plus on s'intéresse aux objectifs effectivement poursuivis par toutes les sociétés, plus on a de chances de réduire l'improbabilité de leur devenir effectif ainsi que la dépendance à l'égard du hasard. De cette transformation radicale de l'idée du mode de vie politique, témoigne le passage de l'homme « mesure de toutes choses » à l'homme « maître de toutes choses » : pour Strauss, c'est un indice qui ne trompe pas.

Quant au problème de la « vertu », il se pose lui aussi dans de tout autres termes : si la causalité efficiente a pris la place de l'intention, on ne peut demander aux fondateurs de la société civile d'avoir *déjà* été éduqués à la vertu. Pour parler dans les termes kantiens auxquels nous sommes peut-être davantage accoutumés, l'homme est un animal qui a besoin d'un maître, et ce maître à son tour est un animal qui a besoin d'un maître, et ainsi de suite... Romulus fut donc un fratricide et il fonda Rome par ce fratricide : c'est-à-dire dans des conditions telles que, politiquement et historiquement parlant, *l'immoralité créa la morale*. Définira-t-on alors le bien de la société, le bien commun, en termes de « vertu » ou la vertu en termes de « bien commun » ? Machiavel, bien entendu, opte, en toute logique, pour le second terme de l'alternative, et Leo Strauss résume ainsi la nature et la teneur des objectifs machiavéliens : « Nous devons entendre par bien commun les objectifs effectivement poursuivis par toutes les sociétés. Ces objectifs sont les suivants : la liberté par rapport à la domination étrangère, la stabilité ou le règne de la loi, la prospérité, la gloire ou l'empire ; la vertu au sens effectif du terme est la somme des habitudes requises pour parvenir à cela. C'est cette fin, et cette fin seule, qui rend nos actions vertueuses. Tout ce qui est fait effectivement en vue de cette fin est bon. Cette fin justifie tous les moyens. La vertu n'est rien d'autre que la vertu civique, le patriotisme ou le dévouement à l'égoïsme collectif[1]. »

On ne dira donc pas que la normativité est absente de la pensée de Machiavel : s'il entend d'abord décrire les hommes tels qu'ils sont, la maîtrise de la nécessité implique l'évaluation et donc le choix. « A partir de Machiavel, la nécessité n'est plus le lieu d'évanouissement du sens ; au contraire, le sens ne peut plus naître que de la nécessité[2]. » Les hommes ne se contenteront pas de faire seulement ce qu'ils ne peuvent éviter, ils voudront aussi forcer le hasard et le cours des choses, ils obéiront à la nécessité en la débordant et non en la subissant, tout comme ils déborderont (parfois) la peur *naturelle* de la mort violente par quelque grandeur. La nécessité ne contraint pas à ne vouloir que la nécessité. Certes, chez Machiavel déjà, la nécessité prend le visage d'une menace, celle de la mort violente : la *virtu* du Prince nouveau est une réplique à la nécessité. Mais il est clair que le désir de gloire politique vient

---

1. *Qu'est-ce que la philosophie politique ?*, *op. cit.*, p. 46.
2. P. Manent, *Naissances de la politique moderne*, Paris, Payot, « Critique de la politique », 1977, p. 38. Aussi est-on fondé, comme le souligne l'auteur, à dire que l'indicatif machiavélien débouche sur un impératif et que ce dernier, bien qu'il soit d'adéquation à l'indicatif, suppose une certaine transformation du monde.

en excès sur la satisfaction des besoins et des impulsions élémentaires.

Nous savons que la *Fortune*, telle une femme, aime à être conquise. Quant à la multitude, son action n'est pas moins capable d'annuler, dans certaines situations, les effets conservatoires de la seule crainte de la mort. Ce fut le cas de l'insurrection des Ciompi (petits artisans et travailleurs de la laine qui se révoltèrent en 1378 contre le pouvoir de la République florentine). Au livre III des *Histoires florentines*, Machiavel prête à l'un des meneurs de l'émeute (particulièrement « audacieux » et « expérimenté ») les propos suivants, par lesquels il s'agit de justifier la poursuite des méfaits et des exactions commis : « Si nous avions à trancher maintenant s'il faut ou non prendre les armes, brûler et piller les maisons, dépouiller les églises, je serais de ceux qui jugeraient bon d'y regarder à deux fois, *et peut-être bien que j'approuverais ceux qui préfèrent une misère tranquille à des profits périlleux*. Mais du moment qu'on a déjà pris les armes et commis pas mal de méfaits, je crois que la seule chose à considérer, c'est si on ne doit pas les garder, et comment nous pouvons échapper aux conséquences des méfaits commis. *Or, c'est la nécessité, j'en suis convaincu, qui nous le conseille...*[1]. »

Autrement dit, puisque nous en avons déjà trop fait pour échapper au châtiment de nos forfaits et de nos exactions (la Cité tout entière s'est liguée contre nous), mais pas assez pour nous assurer l'impunité (plus on multiplie les méfaits, moins on risque la punition : « là où tout le monde est frappé, personne ne songe à se venger »), nous devons continuer. Dans une telle situation, c'est la *Fortune* qui offre l'occasion de la force. Reconnaissons, poursuit le meneur, « qu'un tel parti est audacieux, périlleux, mais dès que la nécessité presse, l'audace devient sagesse, et jamais, dans les circonstances graves, les

---

1. Machiavel, *Œuvres complètes*, Paris, Gallimard, « Bibliothèque de la Pléiade », p. 1088 (je souligne).

hommes de cœur ne se sont souciés du péril. Toujours les entreprises commencées par le danger finissent par la récompense, et *ce n'est que par le péril qu'on échappe au péril* [je souligne] ». Le caractère hautement « machiavélien » de ce texte[1] ne tient pas seulement à ce qu'on y décèle à première lecture : une logique de l'action étrangère à la morale pure, une logique réglée par le milieu propre de la politique. Mais le plus remarquable, c'est l'exhortation du meneur à ne pas se repentir et à ne pas se soucier de la « conscience » : « car chez des gens comme nous, tout pleins de peur, peur de la faim, peur de la prison, il ne peut pas, et ne doit pas y avoir de place pour la peur de l'enfer ».

Chez les damnés de la terre, les effets de la peur naturelle de la mort violente ne déterminent pas une logique de la consécution. Il ne s'agit pas seulement pour eux d'assurer rationnellement leur préservation future et de se soumettre à l'impératif de la vie, autrement dit à la détermination pulsionnelle. La nécessité n'est pas déductible de l'exigence vitale. « Ce n'est que par le péril qu'on échappe au péril. » Quant à la peur de l'enfer, c'est-à-dire à une certaine représentation transcendante de l'exigence morale, non seulement elle est un supplément inutile, mais elle interdit l'accès au mode de vie politique. Il en va du peuple comme du Prince : il lui faut « entrer au mal s'il y a nécessité ». La *virtu* de la multitude ne pourrait-elle pas ressembler elle aussi à un grand crime ?

Il était impensable pour Hobbes d'assumer l'énormité d'une telle position. Ce n'est pas en un sens « machiavélien » que l'entreprise politique réfléchit chez lui l'épreuve de la nécessité ni que la mort est la clef du réel. Voici pourquoi.

Se découvrant mortel à travers l'épreuve primordiale de la crainte de la mort violente, l'homme hobbesien va déployer

---

1. Le plus scandaleux ou « le plus machiavélien » de tous les textes de Machiavel, remarque Leo Strauss dans ses *Pensées sur Machiavel* (Paris, Payot, 1982).

toute l'activité nécessaire à sa préservation future. Il n'est plus l'animal politique mais l'animal *apte à rechercher les conséquences*. La crainte de la mort violente est la passion qui conduit l'homme à la raison – elle est en quelque sorte la raison de la raison – et c'est de la détermination vitale qu'est nécessairement déduite la solution politique. Or qui dit « conservation » dit « paix » et qui, dans ces conditions, dit « paix » circonscrit la « vertu » de telle façon qu'elle est exclusivement orientée en vue de la paix. *La mort est pour la vie, la vertu est pour la paix.* « Les formes d'excellence humaine qui n'ont aucune relation directe ou précise avec la vie pacifique – courage, tempérance, magnanimité, générosité, pour ne pas parler de la sagesse – cessent d'être des vertus au sens strict [1]. » Nous sommes au cœur de ce que Strauss appellera durement le nouvel « hédonisme politique » de la modernité. Et, de ce fait, toutes les implications apparemment « diaboliques » de la philosophie machiavélienne tombent d'elles-mêmes : ce n'est pas seulement l'« excellence » aristotélicienne (l'*arété*) qui cède le pas, c'est la gloire qui se dégonfle en vanité comme un ballon de baudruche.

Car si les fondateurs de la société civile sont bien ces « pauvres diables nus et tremblants de peur », ils n'auront ni le souci du « bien-vivre » (au sens aristotélicien) ni celui de la « gloire » (au sens machiavélien) : ils n'auront – et c'est en quoi la crainte de la mort violente est dépourvue de toute majesté – que le souci d'un « bien-être solide », d'un « hédonisme solide et pratique ». « La gloire ne survit que sous la forme de la compétition. En d'autres termes, tandis que la gloire était le pivot de l'enseignement politique de Machiavel, le pivot de l'enseignement politique de Hobbes est le pouvoir. Le pouvoir ressemble infiniment plus au business que la gloire. [...] Il a l'air vieux. Il se rend plutôt visible sous la forme

---

[1]. *Droit naturel et Histoire*, *op. cit.*, p. 169-170. De fait, dans le *De homine* (XIII, 9), Hobbes tire la conséquence logique du fait que la mort est le plus grand des maux : le courage *n'est pas* une vertu.

d'éminences grises que sous la forme de Scipions et d'Hannibals. Un hédonisme respectable et terre à terre, une sobriété sans grandeur ni finesse, protégés ou rendus possibles par une "politique de puissance" – telle est la signification de la rectification de Machiavel par Hobbes [1]. » Mais c'est là, poursuit impitoyablement Leo Strauss, une vision encore trop « poétique » de la genèse moderne du politique, pas encore assez « prosaïque » en dépit des apparences. Et il est vrai que la misère de l'homme à l'état de nature est décrite au chapitre XIII du *Léviathan* en des termes qui ne sont pas dépourvus d'une certaine grandeur ou d'une certaine « sublimité ».

Quant à l'homme de la société civile qui part en voyage armé jusqu'aux dents, verrouille les portes de sa maison et ferme ses coffres à clef alors qu'il existe des lois et des fonctionnaires publics pour le défendre, ne ressemble-t-il pas plus à un brigand qu'à l'homme tranquille *(common man)* de la société bourgeoise ? Aussi la version prosaïque (la substitution de la « vie confortable » à la « vie bonne ») ne sera-t-elle véritablement achevée qu'avec Locke : pour se conserver en vie, l'homme n'a pas tant besoin d'un pistolet que de nourriture, ou plus exactement de *propriété*. Et voici enfin la solution élégante du problème : la crainte de la mort transmuée en passion « parfaitement égoïste dont la satisfaction n'exige pas de répandre le sang et dont l'effet est l'amélioration du sort de tous [2] ».

A quoi tient, au regard de la question qui nous occupe – la « mort de l'immortalité » –, la force d'une telle analyse ? On sera, bien entendu, sensible à l'accent nostalgique de la pensée de Strauss et de sa condamnation de la rationalité politique moderne, dégradée en bien-vivre utile et qui culminera dans l'économisme [3]. « La vie est une quête de joie sans joie »,

---

1. *Qu'est-ce que la philosophie politique ?*, op. cit., p. 52.
2. *Ibid.*, p. 53.
3. Leo Strauss insiste par ailleurs avec la plus grande force sur le fait que Hobbes est, beaucoup plus qu'un théoricien du despotisme et du pouvoir absolu de l'État, le véritable père du libéralisme. Si l'on entend par « libéralisme » « la

écrira-t-il pour caractériser le terme achevé de l'hédonisme politique moderne. Et il est facile de lui objecter (l'objection n'est pas neuve) que sa critique de la modernité s'alimente à des présupposés et à des fins qui sont ceux de la philosophie antique, et plus particulièrement de la source grecque. A radicaliser ainsi la « querelle des Anciens et des Modernes », comment échapper à l'alternative de la « vraie » philosophie politique, dont la substance ne peut être que « grecque », ou de la dérive historiciste et relativiste qui conduit, dans la modernité, au triomphe des sciences sociales et à l'oubli du politique ? C'est un problème fondamental, maintes fois abordé, mais qui tombe hors de notre propos. Car encore une fois l'analyse de ce premier moteur qu'est la crainte de la mort violente rend lisible une certaine *décision* politique – et aussi métaphysique et éthique – de la modernité. *Cette décision concerne l'enjeu de mort comme disposition constitutive du politique.* Non seulement il s'avère que la nouvelle *ratio* politique a d'abord pour tâche d'écarter la mort, puis de gérer la

---

doctrine politique pour laquelle le fait fondamental réside dans les droits naturels de l'homme, par opposition à ses devoirs, et pour laquelle la mission de l'État consiste à protéger ces mêmes droits, il nous faut dire que le fondateur du libéralisme fut Hobbes » (*Droit naturel et Histoire, op. cit.*, p. 165-166). Le bien-fondé de cette interprétation se voit confirmé, s'il en est besoin, par la limite que Hobbes pose au pouvoir absolu du Léviathan : un individu garde la liberté de désobéir au souverain lorsque son intégrité corporelle ou la conservation de ses moyens vitaux sont par lui menacés (voir par exemple le chapitre XXI du *Léviathan*, « De la liberté des sujets »). On verra plus loin que Strauss sera conduit à relever avec la plus grande rigueur la contradiction inhérente à la doctrine de Carl Schmitt. Celui-ci déploie en effet toute sa démarche anti-libérale sous l'égide de Hobbes et de l'analyse hobbesienne du *status naturalis* comme *status belli*. Mais il y a entre Hobbes et Schmitt une différence fondamentale : pour le premier, l'État ne peut exiger de l'individu qu'une obéissance *conditionnelle* (protéger la vie est en effet la raison dernière de l'État) ; pour le second, l'unité politique peut exiger de ses nationaux qu'ils soient prêts à mourir et à donner la mort, disposant ainsi *inconditionnellement* de la vie des êtres humains. Dans le premier cas, c'est la revendication de l'individu qui est fondamentale : Hobbes n'est-il pas alors le penseur *anti-politique* par excellence puisqu'il désigne la mort violente comme le plus grand des maux ?

mortalité et enfin de servir la vie[1], mais il faut qu'elle soit entièrement déductible de la détermination *naturelle* qui fait de l'homme un animal mortel : la peur de la mort violente par le fait d'autrui est la cause nécessaire et suffisante de la société civile. L'homme est un animal calculant et prévoyant parce qu'il a peur de la mort : telle est l'essence du politique moderne, ou plutôt la moderne essence du politique.

Dans ces conditions, on comprend que la première « correction » de Machiavel par Hobbes ait consisté à vouloir « naturaliser » encore davantage la certitude qu'acquiert l'homme de sa condition mortelle et la nécessité qui régit son action. Hobbes exige donc que le droit naturel soit entièrement dérivé des commencements, c'est-à-dire des besoins et des impulsions élémentaires. Certes, dans un premier temps, on peut imputer à un souci de « convenance » morale le refus d'admettre que les fondateurs de la société civile aient pu être d'audacieux criminels, des « héros fratricides et incestueux ». Mieux valait donc abaisser encore le point de mire, se déprendre de toute fascination à l'égard de cette férocité des origines (encore trop proche de la terreur tragique), et installer le politique à l'ombre d'une condition humaine de part en part nécessiteuse. On ne condamne pas de pauvres hères en proie à la peur et luttant pour leur survie, mais on ne les admire pas non plus. C'est ainsi que l'origine du politique peut être a-morale sans être immorale.

Mais cette « dés-héroïsation » n'est pas tout : le désir de gloire, dissous par Hobbes en vanité sans substance, a encore trop à voir

---

[1]. Michel Foucault avait déjà relevé que la philosophie politique et la théorie juridique aux XVIIe et XVIIIe siècles amorçaient à cet égard un mouvement d'inversion du droit de souveraineté. Il ne s'agit plus (seulement) de faire mourir *ou* de laisser vivre, mais de faire vivre *et* de laisser mourir. Si en effet les hommes passent contrat, pressés par le danger et par une nécessité incontournable, la vie peut-elle effectivement entrer dans les droits du souverain : n'est-elle pas plutôt, à la limite, « hors contrat » ? Sur cette question, on se reportera à *La Volonté de savoir*, Paris, Gallimard, 1976, p. 177 *sq.*, ainsi qu'à l'extrait du cours prononcé au Collège de France en 1976 et publié dans le numéro 535 des *Temps modernes* (février 1991) sous le titre « Faire vivre et laisser mourir : la naissance du racisme », p. 37-61.

avec la vertu antique. L'amour de la patrie (« j'aime ma patrie plus que ma vie », écrivait Machiavel dans une lettre à Vettori) est non seulement une passion en excès sur la nécessité vitale, mais une passion qui, contre la déchéance chrétienne du politique et de la Cité terrestre [1], réaffirme l'être politique de l'homme et la dignité de la *vita activa (vivere civile)*. Le républicanisme de style romain qui nourrit, paradoxalement, la modernité de Machiavel retient donc quelque chose de la finalité des Classiques. Non pas tant par le contenu de la référence (il s'agit plus, au demeurant, de rouvrir le passé et d'invoquer la « validité exemplaire » d'une expérience que de se tourner vers un modèle à imiter ou à restaurer) que parce qu'elle laisse subsister, déplacée mais intacte, l'idée d'un certain « bien commun ». Leo Strauss est alors, dans son analyse, en proie à une contradiction apparente : d'un côté, il affirme [2] que Machiavel est le premier des Modernes parce qu'il a réduit le problème moral et politique à un problème technique. De l'autre, il reconnaît [3] que Machiavel a, en un sens, réécrit l'*Éthique à Nicomaque* et que la considération de la « vérité effective » débouche sur un certain devoir-vivre et un certain devoir-gouverner. On ne part de la façon dont les hommes vivent en fait que pour constituer une véritable « philosophie

---

1. C'est un motif éminemment machiavélien (repris ultérieurement par Montesquieu et par Rousseau) que de voir en la foi chrétienne un facteur d'affaiblissement du mode d'existence politique. « Notre religion place le bonheur suprême dans l'humilité, l'abjection, le mépris des choses humaines » (*Discours sur la première décade de Tite-Live*, II, 2). Le christianisme abaisse le niveau de l'esprit public (du patriotisme) et du courage (de la *virtu*) et fait ainsi obstacle à l'affirmation de l'être politique de l'homme. En réalité, les choses sont beaucoup plus complexes que ne le laisse supposer la position « anti-théologique » de Machiavel : la politique moderne sera de fait traversée par le christianisme dans la mesure où sa visée même est rendue possible par l'incarnation du divin dans l'humain, par l'inscription d'une transcendance au lieu du pouvoir et dans les frontières de l'espace mondain. Sans compter le rôle politique fondamental que jouera la Réforme dans l'« invention » du politique moderne, et plus particulièrement dans l'émergence de l'activisme politique.
2. Notamment dans le texte sur « Les trois vagues de la modernité ».
3. Voir les *Études de philosophie politique platonicienne*, Paris, Belin, 1992, p. 304.

civique ». L'intention machiavélienne n'est pas seulement descriptive, elle est clairement normative : mais une normativité telle qu'on est *contraint* de vivre vertueusement, et une vertu telle que sa teneur consiste avant tout à affronter ce que Merleau-Ponty appelait le « vertige de la vie à plusieurs ».

Si la contradiction ne tient pas (et on l'admettra sans trop de difficultés) à l'interprétation straussienne, elle se résout dans le *double bind* de la position du Florentin. Et ce dernier ne peut être compris que si l'on comprend le sens et la portée de son « réalisme » : il ne se réduit pas, comme on le dit trop souvent, au souci de l'efficacité (Aristote aussi se préoccupait de l'efficacité). Il consiste à passer de la morale pure à la force des institutions, d'une bonté catastrophique (Brecht était parfaitement machiavélien lorsqu'il faisait dire à Groucha dans *Le Cercle de craie caucasien* : « Redoutable est la tentation d'être bon ») à une bonté capable de dureté. Voilà un paradoxe qui n'est pas, non plus, susceptible d'être accepté par Hobbes parce que, en un sens, il (le paradoxe) résiste à la toute-puissance de la peur de la mort violente. Il lui faudra donc *simplifier* la doctrine morale de telle manière que la loi morale soit définie comme « la somme des règles auxquelles il faut obéir si l'on veut que règne la paix [1] ». De politique, la vertu deviendra sociale. Que cette simplification ne puisse être qu'une *radicalisation* qui éradique de la nature humaine tout résidu ou tout reste de finalité (et nous verrons plus loin que cette *radicalisation* emportera tout le mouvement de la raison politique moderne) s'explique par la nécessité de réduire l'écart qui subsiste chez Machiavel entre une condition humaine nécessiteuse [2] et une

1. *Droit naturel et Histoire, op. cit.*, p. 169.
2. « Le peu de sûreté que les naturels trouvent à vivre dispersés, l'impossibilité pour eux de résister isolément, soit à cause de la situation, soit à cause du petit nombre, aux attaques de l'ennemi qui se présente, la difficulté de se réunir à temps à son approche, la nécessité alors d'abandonner la plupart de leurs retraites, qui deviennent le prix des assaillants : tels sont les motifs qui portent les premiers habitants d'un pays à bâtir des villes pour échapper à ces dangers » (*Discours sur la première décade de Tite-Live*, I, 1).

nature qui échappe encore par certains aspects au calcul de la raison. La dissolution du désir de gloire en vanité sans consistance, le recours à la seule passion (la détermination vitale) qui puisse déterminer absolument les hommes à instituer l'ordre social marquent la disparition de cet écart.

Comment, à travers ce détour, sommes-nous reconduits à la mort de l'immortalité – effectivement consommée avec Hobbes – et à la question de l'enjeu de mort dans le politique ?

La certitude qu'acquiert l'homme de sa condition mortelle a encore un contenu très indéterminé tant qu'on n'a pas élaboré et précisé la décision qui l'accompagne. « Dès qu'il se rassemble tout entier sur lui-même dans la certitude de sa condition mortelle, c'est alors que le souci de l'homme est de rendre la mort possible. Il ne lui suffit pas d'être mortel, il comprend qu'il doit le devenir, qu'il doit être deux fois mortel, souverainement, extrêmement mortel. C'est là sa vocation humaine. La mort, dans l'horizon humain, n'est pas ce qui est donné, elle est ce qui est à faire : une tâche, ce dont nous nous emparons activement, ce qui devient la source de notre activité et de notre maîtrise [1]. »

Rendre la mort possible : pour cela, il ne suffit pas à l'homme d'être mortel, il lui faut se reconnaître comme tel, se lier à la mort « par un lien dont il est juge ». Que ce lien ne soit pas seulement un rapport qui concerne l'individu, qui le lie à sa mort propre, mais un rapport qui a trait au pouvoir politique, nous le savons depuis longtemps. Car le pouvoir politique, comme l'attestent les plus anciennes doctrines de la souveraineté, a toujours été lié au pouvoir de signifier la mort : le pouvoir souverain a d'abord été le pouvoir de donner la

---

1. Maurice Blanchot, *L'Espace littéraire*, Paris, Gallimard, « Folio Essais », 1988, p. 118. Je m'autorise ici d'une lecture très libre de ce texte, lecture qui bien entendu n'a rien du « commentaire ». Je ne ferai, par ailleurs, aucune référence à la problématique heideggérienne de l'*être-pour-la-mort* car elle est étrangère à mon propos.

mort. Sa première et essentielle caractéristique a été le droit de vie et de mort. Mais l'enjeu de mort, comme disposition constitutive du politique, ne se réduit pas à la prérogative exercée par le pouvoir[1], pas plus d'ailleurs qu'à l'acceptation symétrique du *mourir pour* : le pouvoir donne la mort et les sujets donnent leur vie (le célèbre *Pro patria mori* en est l'un des premiers témoignages). *Rendre la mort possible* peut avoir, politiquement parlant, un tout autre sens, s'il est vrai que le politique est la tâche que s'assignent des êtres mortels qui pensent l'éternité sans pour autant jouir de l'immortalité.

Il paraît légitime de parler, à propos des Grecs et des Romains, d'une « politique de l'immortalité » assurée par la gloire civique. Située sous le regard des Immortels, la mortalité était le sceau de l'existence humaine. C'est à cette mortalité – ou à cette *fragilité* – que les Grecs voulurent remédier : la *polis* fut d'abord la « mémoire organisée » qui promettait aux acteurs mortels que leur existence « passagère » et leur grandeur « fugace » deviendraient impérissables[2]. Or rien n'est plus éloigné de cette mortalité des hommes (sans parler de « la vie sans fin et sans âge des dieux ») que la vie toujours recommencée de la nature : seuls les hommes sont mortels puisque « les animaux n'existent que comme membres de leur espèce et non comme individus ». Et c'est l'appartenance à l'espèce qui

---

1. Je laisse de côté, provisoirement au moins, ce que j'ai déjà évoqué plus haut à propos de Michel Foucault et qui a trait aux transformations du pouvoir moderne : l'émergence et le développement d'un pouvoir « continu, savant », d'un pouvoir de « faire-vivre » qui croise désormais « ce grand pouvoir absolu, dramatique, sombre qui était le pouvoir de la souveraineté et qui consistait à pouvoir faire mourir » (« Faire vivre et laisser mourir », in *Les Temps modernes, op. cit.*, p. 45).
2. Tout ceci, trop connu pour qu'on y insiste, a été amplement développé par Hannah Arendt, notamment dans *Condition de l'homme moderne* et dans *La Crise de la culture* (« Le concept d'histoire »). Précisons cependant qu'Arendt ne prétend pas rendre compte des causes historiques de l'avènement de la *polis* : ce qui l'intéresse, c'est la façon dont l'institution politique s'enracine dans la *fragilité* de l'agir humain.

garantit à ses membres une forme d'être-à-jamais *(aei einai)* refusée aux individus. Tout est immortel, excepté les hommes. Et telle est alors la mortalité des hommes qu'il est au pouvoir de leur *bios* d'interrompre (souvent de façon « terrifiante », comme le suggère le chœur de l'*Antigone* de Sophocle) l'interminable repos de la *zôè*.

Mais au-delà de la violence faite à la nature, la mortalité ainsi entendue – comme capacité d'agir en laissant des traces impérissables – est l'un des plus puissants ressorts de l'action politique. Cette expérience spécifique de la mort (je ne parle ici que de l'expérience liée à l'émergence de la Cité et non de l'idéal héroïque qui habite les héros épiques et leur fait affronter individuellement la mort afin de s'assurer un renom indéfectible [1]) donne lieu à une *politique de l'immortalité* qu'on pourrait aussi bien dire une *politique de la mortalité des mortels*. Car la mesure de l'immortalité à laquelle les hommes se haussent sous les espèces de l'institution politique n'est pas la même que celle des dieux : se découvrant mortels sous le double regard de la pérennité divine et de la nature immuable, ils vont déployer toute l'activité nécessaire non à leur préservation (idée dépourvue de sens dans un tel contexte), mais à la survie en gloire de la Cité. Survie que n'assure plus un idéal de l'honneur héroïque, mais la participation aux exigences de la vie commune et l'institution d'un espace publico-politique. En sorte qu'on peut tenir la *polis* grecque – entée sur une expérience spécifique de la mortalité – pour une forme de réponse à la question : comment, politiquement parlant, nous conduire en « mortels » ? L'institution de la mémoire organisée coïnci-

---

1. Telle est la « belle mort » du guerrier homérique qui fait dire à Hector poursuivi par Achille et se sachant perdu : « Non, je n'entends pas mourir sans lutte ni sans gloire ni sans quelque haut fait dont le récit parvienne aux hommes à venir » (*Iliade*, XXII, 304-305). Il est vrai que la mort civique, exaltée notamment dans l'oraison funèbre athénienne, doit beaucoup, comme l'a montré Nicole Loraux dans *L'Invention d'Athènes* (Paris, Mouton, 1981), au *topos* de la « belle mort » héroïque : mais la gloire en revient désormais à la Cité et l'exploit individuel s'efface devant la discipline commune et la loi du groupe.

dait absolument avec les modalités (ou le réglage) du lien institutionnel et avec l'exercice de la citoyenneté : la mémoire organisée, ce n'était pas autre chose que le *politeuesthai*. Le problème n'est pas ici de soupçonner la distance (elle n'est que trop évidente) entre le vécu et le réel, entre le fait « brut » et la refiguration d'une conscience de soi publique, mais de comprendre comment les Grecs, à partir de *leur* expérience spécifique, pensaient résoudre le paradoxe d'une grandeur enracinée dans la précarité. Que la Cité se donnât à elle-même « en représentation » (par la tragédie ou l'oraison funèbre) ne change rien à l'affaire : lorsqu'il s'agit de rendre la mort possible, l'institution imaginaire de la société est absolument coextensive à sa *praxis*. Si la mort, dans l'horizon humain, est « ce qui est à faire », si elle est une « tâche » dont nous nous emparons activement, alors l'homme grec devenait *souverainement* mortel en devenant politique.

Il en allait de même, *mutatis mutandis*, pour l'expérience de la romanité *républicaine*[1], bien qu'elle fût, de l'avis d'Arendt[2], axée avant tout sur le problème de l'autorité de la *fondation*. En fait, c'est pour pallier l'une des faiblesses de la politique grecque, qui ne connaissait pas de moyen terme entre la contrainte (anti- ou a-politique) et la persuasion (insuffisante à assurer le lien entre les générations), que les Romains s'interrogèrent plus particulièrement sur la permanence et la durée de la mémoire organisée. La question romaine n'annule pas le souci des acteurs mortels d'édifier un séjour dont la stabilité résiste à leur existence fugace. Elle l'*augmente*, si tant est que l'*auctoritas* latine dérive d'une double source étymologique : d'une part, l'*auctor* (l'« auteur ») est celui qui invente, qui initie, et d'autre part le verbe *augere* signifie « augmenter » et donc « confirmer ». Ou, pour le dire autrement : les Romains

---

1. Il n'est pas question ici de ce qui peut être élaboré à partir de la thématique de l'*imperium*, à savoir la logique de la domination universelle.
2. Voir notamment « Qu'est-ce que l'autorité ? », dans *La Crise de la culture*.

mettent en place une thématique qui n'est plus *stricto sensu* politique (au sens où la *polis* grecque déploie avant tout un *espace* institutionnel) mais *métapolitique*.

Ce n'est pas seulement la naissance d'un espace public qui accompagne le « pouvoir mourir » et la transformation du donné en faire, mais le sillage d'une *durée publique*. Comme si, de l'acte même de fonder, procédait la force liante de ce qui à la fois recueille *(relegere)* et relie en arrière *(religare)*. Peu importe ici l'exactitude étymologique du terme *religio* : l'essentiel est qu'il apparaît précisément au moment où intervient la perspective *métapolitique*. Devons-nous alors comprendre que la manière dont les hommes se *lient* à leur mort (par un lien dont ils sont « juges », avons-nous lu dans le texte de Blanchot) a partie liée avec l'horizon du théologico-politique ou, pour reprendre une expression déjà usitée à plusieurs reprises, avec la présence du « religieux dans le politique [1] » ? Comment les Romains – ce peuple « politique par excellence » qui identifiait la vie au *inter homines esse* et la mort au *inter homines esse desinere* – se sont-ils faits mortels, comment se sont-ils rassemblés sur eux-mêmes dans la certitude de leur condition mortelle, si ce n'est en nommant les vivants dans la relation avec les morts ? Il n'est pas dénué de sens de caractériser ainsi leur vocation politique. Celle-ci est la décision de la *civitas* non de faire naître (ou renaître) la vie du sein de la mort, encore moins d'assurer la survie, mais de nourrir la vie des vivants de l'autorité de ceux qui ne sont plus. Ce n'est pas le mort qui saisit le vif mais le vif qui saisit le mort.

De cette vocation, Machiavel garde la mémoire la plus intense : exilé de Florence, il raconte à Vettori, dans une lettre du 10 décembre 1513, comment il occupe ses journées dans la « pouillerie » de l'auberge campagnarde où il s'« encanaille ».

---

1. « Le religieux dans le politique » a été successivement l'objet de la première partie d'un numéro du *Temps de la réflexion* publié en 1981 (Paris, Gallimard) puis du numéro 23 de la revue *Le Genre humain* (Paris, Éd. du Seuil, printemps 1991).

Puis, poursuit-il en substance, le soir tombe, je retourne à mon logis, je pénètre dans mon cabinet et là, dépouillé de ma défroque couverte de fange et de boue, je m'entretiens avec les hommes de l'Antiquité. « Là, accueilli avec affabilité par eux, *je me repais de l'aliment* qui par excellence est le mien, et pour lequel je suis né. Là, nulle honte à parler avec eux, à les interroger sur les mobiles de leurs actions, et eux, en vertu de leur humanité, ils me répondent. Et, durant quatre heures de temps, je ne sens pas le moindre ennui, j'oublie tous mes tourments, je cesse de redouter la pauvreté, *la mort même ne m'effraie pas* [1]. » Rien, dans ce texte, n'a trait à la maîtrise stoïcienne de la mort. « La mort même ne m'effraie pas. » Il ne faut pas se méprendre sur le sens de cette phrase : nous sommes moins à l'école de la grandeur monumentale qu'à celle de l'humanité (« et eux, en vertu de leur humanité, ils me répondent »). La leçon des Romains n'est pas ici le « bien mourir », le mourir grandiose et serein que les siècles à venir cultiveront avec le *topos* du suicide héroïque et de la bonne mort. D'ailleurs, c'est moins une leçon qu'une expérience que Machiavel partage avec eux, une expérience dont il se nourrit, tout comme la vie de la *civitas* se nourrissait de l'entretien avec ses morts qui, naguère, avaient été des vivants politiques.

Si Hobbes ne fait jamais appel aux grands exemples de la romanité républicaine, ce n'est pas seulement qu'il y voit la référence toujours possible à l'éloge du tyrannicide : la figure de Brutus, il est vrai, n'est pas son fort [2]. Mais il serait sans doute plus pertinent de dire (ce qui n'est pas exclusif) que les conditions de l'« individualisme possessif », pour reprendre

---

1. *Œuvres complètes, op. cit.*, p. 1436 (je souligne).
2. La lecture des « livres de politique et d'histoire des anciens Grecs et Romains » est, souligne-t-il au chapitre XXIX du *Léviathan*, une incitation permanente à la « rébellion ». Les « jeunes gens, et en général tous ceux à qui fait défaut l'antidote d'une solide raison », en concluent à la légitimité du tyrannicide et à l'exaltation de la liberté dans les « formes populaires de gouvernement ».

les termes de l'ouvrage de Mc Pherson[1], engendrent nécessairement la distance avec la latinité : les exigences de la « société marchande possessive » font que l'homme devra s'affranchir de la mort en s'assurant la plus grande sécurité possible dans l'exercice de ses facultés. S'affranchir ainsi de la mort c'est, dans la perspective de l'« individualisme possessif » borné par la crainte de la mort violente, renverser la détermination naturelle en artefact et l'exigence vitale en nécessité opératoire. Le problème majeur n'est pas tant ici celui de l'*artifice* comme tel, car on peut concevoir le caractère nécessairement « fictionnel » de l'acte fondateur qu'est le contrat : en un sens, le lien politique a toujours la réalité de l'idéalité. Pour Aristote aussi, bien que l'homme fût « par nature » un animal politique, l'institution de la Cité n'était pas une expérience « naturelle ».

Mais cette mort « utile » n'est-elle pas, comme l'écrit admirablement Blanchot, « une mort qui n'a pas rencontré la mort », une mort « où il est beaucoup parlé de la vie, mais où ne s'entend pas le langage sans entente à partir duquel parler est comme un don nouveau »[2] ? Au-delà de leur évidente résonance hégélienne, quel sens politique peut-on assigner à ces mots ? Ils laissent entendre que s'affranchir d'une mort par laquelle on se connaît comme être naturel et rendre la mort possible, ce n'est pas la même chose. S'affranchir de la mort, ce peut être une manière, paradoxalement, de l'expulser : le pire alors « nous est épargné mais l'essentiel nous manque ». Ce n'est pas d'une quelconque « mythologie » politique que procède cette lecture, même si l'une des accusations majeures formulées, plus ou moins explicitement, à l'encontre du libéralisme (dont Hobbes est le père...) consistera à lui reprocher d'avoir expulsé du politique l'enjeu de mort : ce pour quoi il

---

1. C. B. Mc Pherson, *The Political Theory of Possessive Individualism, Hobbes to Locke*, Oxford Paperbacks, 1964 ; trad. fr. *La Théorie politique de l'individualisme possessif*, Paris, Gallimard, 1971.
2. *L'Espace littéraire, op. cit.*, p. 126.

sera dit par Hegel *insuffisamment politique*[1] et par Carl Schmitt *anti-politique*.

Le politique et le risque de la mort

La pensée de Carl Schmitt, pour des raisons biographiques accablantes que nous connaissons bien[2], sent le soufre. On prendra cependant le parti de ne pas réduire systématiquement la doctrine schmittienne au contexte historique et politique d'un engagement injustifiable : on l'envisagera plutôt comme un *symptôme*[3]. Le symptôme d'une *radicalité* qui n'hésite pas à retourner le *bien-vivre* d'Aristote en *faire mourir*, à détourner – tout en s'en réclamant – le sens du *status naturalis* hobbesien et à conclure que la communauté politique est au-dessus de toutes les autres espèces de communauté ou de société *parce qu'*elle dispose du pouvoir de donner ou d'exiger la mort. Le *consentement au politique* n'est pas autre chose que le *consen-*

---

1. L'expression n'implique pas qu'il y ait chez Hegel une pure et simple subordination de la société civile à l'État : on peut parler de la « médiation réciproque » du social et du politique dans la mesure où chacune des deux instances présuppose l'existence et le concept de l'autre. Sur cette question, ainsi que sur la (re)lecture schmittienne du politique hégélien, on se référera aux pages très éclairantes de J.-F. Kervegan dans son ouvrage *Hegel, Carl Schmitt. Le politique entre spéculation et positivité*, Paris, PUF, 1992.
2. Rallié au national-socialisme dès 1933 (il adhéra au parti nazi le 1er mai 1933), il fut appelé en juillet 1933 au Conseil d'État prussien par le ministre-président Hermann Göring. Il publia dans les années 1933-1936 un certain nombre d'ouvrages et d'articles de soutien au régime. Il suffira d'en mentionner deux : le premier, intitulé « Le Führer défend le droit » (« Der Führer schützt das Recht – zur Reichstagsrede Adolf Hitlers vom 13. Juli 1934 »), justifiait l'élimination sanglante des SA en juin 1934 et le second, « La Constitution de la liberté » (« Die Verfassung der Freiheit », 1935), légitimait les lois raciales de Nuremberg. De 1933 à 1936 (date à laquelle il fut attaqué par la presse SS et se retira dans des travaux d'« érudition »), il fit donc, sans aucune réserve, l'éloge de la théorie du pouvoir national-socialiste, antisémitisme compris.
3. J'avais déjà amorcé ce mode de lecture dans un texte publié dans *La Persévérance des égarés* et intitulé « Lectures de la modernité : Heidegger, Carl Schmitt, Hannah Arendt » (*op. cit.*, p. 217-243).

tement à la nature dangereuse de l'homme, et « toutes les théories politiques véritables postulent un homme corrompu, c'est-à-dire un être dangereux et dynamique, parfaitement problématique [1] ». Voilà des affirmations bien antipathiques et qui contreviennent à la bienséance la plus élémentaire. Mais alors, pourquoi la lecture des textes de Carl Schmitt est-elle aussi *saisissante* ? Et pourquoi Leo Strauss accordait-il tant d'attention, dans son commentaire de *La Notion de politique*, à l'idée que le *sérieux de la vie humaine* se trouve menacé quand le politique est menacé ? En quoi le politique et l'État ne peuvent-ils être associés au *divertissement* ? Que voulait-il enfin signifier en écrivant que la perspective ultime de Schmitt était, au-delà de l'anti-libéralisme, l'« ordre des choses humaines [2] » ? L'ordre des choses humaines, c'est-à-dire, en dernier ressort, une *décision d'hostilité* plus profonde que celle qui tient à la position ou à l'affirmation du politique comme tel, parce que les présupposés de cette décision sont de part en part *théologiques*. Dans un lexique non schmittien, on dira que le théologique est « déterminant en dernière instance ». Le dernier mot de la distinction ami/ennemi ne relèverait donc pas de la sphère du politique mais du « dogme théologique fondamental » qui affirme le « péché du monde ». Et que serait un monde où on cesserait « de penser que les hommes sont pécheurs ou qu'il leur faut une rédemption », où on ne distinguerait plus « les rachetés des non-rachetés, les élus de ceux qui ne le sont pas » (*NP*, p. 110) ? Dans ce monde pacifié, d'où aurait disparu la discrimination ami/ennemi – un monde devenu de ce fait « sans politique » –, « les prêtres et les théologiens seraient

---

1. *La Notion de politique*, Paris, Calmann-Lévy, 1972, p. 107. Les références ultérieures à ce texte seront notées *NP*.
2. Les *Anmerkungen zu Carl Schmitts Begriff des Politischen*, publiées pour la première fois en 1932, ont fait l'objet de deux traductions françaises : la première, par J.-L. Schlegel, en appendice à *Parlementarisme et Démocratie*, Paris, Éd. du Seuil, 1988 ; la seconde par Françoise Manent, à la suite de la traduction du livre de Heinrich Meier, *Carl Schmitt, Leo Strauss et la Notion de Politique. Un dialogue entre absents*, Paris, Julliard, 1990.

tout aussi *superflus* que les politiciens et les hommes d'État » (*NP*, p. 111 ; je souligne).

Tremblons cependant car nous savons que « le Jour du Seigneur arrive comme un voleur en pleine nuit. Quand les hommes se diront : Paix et sécurité ! c'est alors que tout d'un coup fondra sur eux la perdition, comme les douleurs sur la femme enceinte, et ils ne pourront pas y échapper [1] ».

Carl Schmitt a écrit en 1947 (alors qu'il était en détention et dans l'attente d'un éventuel jugement à Nuremberg) un texte tout à fait singulier, intitulé *Ex captivitate salus*, et dont la singularité s'éclaire à la lumière de la perspective qui vient d'être esquissée. Il s'interroge sur la vérité ultime de la configuration ami/ennemi : *Qui* est mon ennemi ? *Qui* puis-je reconnaître comme tel, sinon celui qui a le pouvoir de « me mettre en question » ? Et qui peut me mettre effectivement en question, sinon « moi-même » ou « mon frère » ? « *L'ennemi est la figure de notre propre question.* Malheur à qui n'a pas d'ami, car son ennemi siégera au tribunal qui le jugera. Malheur à qui n'a pas d'ennemi, car Je serai son ennemi au Jugement dernier [2]. » Si la question *Quis judicabit ?* se voit ainsi renvoyée à la fin des temps, hors de l'Histoire que font les hommes et où ils peuvent exercer leur jugement, ce n'est pas seulement parce que « les grandes œuvres ont de grands ennemis » (belle formulation du radicalisme révolutionnaire que celle donnée par le prédicateur puritain au moment de la première révolution anglaise...), c'est parce qu'il n'y a pas d'autre choix qu'entre Dieu et Satan. Telle est la nature de la *décision* ultime. Il n'est donc pas étonnant que les définitions claires du politique soient aussi rares et que le terme de « politique » soit le plus souvent employé de façon négative. Cela tient à ce qu'en

---

1. Saint Paul, Première Épître aux Thessaloniciens, V,2 et 3.
2. Je cite d'après la traduction de J.-F. Kervegan, in *Hegel, Carl Schmitt. Le politique entre spéculation et positivité, op. cit.*, p. 332-333 (souligné dans le texte). Julien Freund en donne également un extrait à la fin de sa préface à *La Notion de politique, op. cit.*, p. 37-38.

définitive la position du politique n'est pas « politique », qu'elle reconduit à quelque chose comme « une essence non politique du politique ». Le politique est à la fois le *destin* et la *destination* qui s'inscrit et se déploie entre un *terminus a quo* – le péché qui fonde – et un *terminus ad quem* – le miracle qui sauve[1]. Si l'ennemi commande le sens du politique, sa « puissance objective » déborde ses incarnations historiques. Derrière l'ennemi « réel » se tient l'ennemi « absolu », autrement dit l'ennemi *« providentiel »* qui est, littéralement, un don de Dieu[2]. C'est parce que « le véritable ennemi ne se laisse pas tromper » qu'il donne à la vie humaine son *sérieux* : l'« ordre des choses humaines » cesse d'être humain – il devient inhumain – s'il fait disparaître la gravité de la mort. Et Schmitt ne mesure peut-être pas (parce que probablement elle ne peut que lui échapper) la terrible portée prophétique de cette phrase : « L'adversaire ne porte plus le nom d'ennemi, mais en revanche, il sera mis *hors la loi* et *hors l'humanité* pour avoir rompu et perturbé la paix, et une guerre menée aux fins de conserver ou d'étendre des positions de force économiques aura affaire à une propagande qui la transformera en croisade ou en dernière guerre de l'humanité » (*NP*, p. 128).

Le mouvement qui porte la démarche de Carl Schmitt va donc (à supposer que l'on procède du clair à l'obscur, du visible au caché) de la critique du libéralisme à l'analyse des présupposés

1. L'écart avec Hobbes est flagrant : chez Hobbes, c'est l'individu qui est à la fois *terminus a quo* et *terminus ad quem*.
2. Quelques lignes après la célèbre phrase où Schmitt affirme que « les sommets de la grande politique sont les moments où il y a perception nette et concrète de l'ennemi en tant que tel », il invoque à titre d'exemple la lutte de Cromwell contre l'Espagne papiste, car elle est la « manifestation la plus puissante d'une hostilité de ce genre ». Dans son discours du 17 septembre 1656, Cromwell qualifie l'Espagnol d'ennemi « naturel » *(« the natural enemy »)*, d'ennemi « providentiel » *(« the providential enemy »)*. Qui le tient, poursuit-il, pour un *accidental enemy* ne connaît ni l'Écriture ni les choses de Dieu qui a dit « je mettrai une inimitié entre ta postérité et la sienne » (Genèse III,15) ; voir *NP*, p. 114-115.

anthropologiques du politique, puis à sa détermination théologique dernière. Ce mouvement est un mouvement de *radicalisation* où la souveraine obligation de la mort et un *certain* désir d'immortalité occupent une position stratégique. En quel sens sont-ils alors la clef du réel ?

La critique schmittienne vise au premier chef le libéralisme pour autant qu'il est la négation même du politique. Certes, les libéraux ont fait et continuent de faire de la politique, mais « la question est de savoir si le principe pur et rigoureux du libéralisme individualiste peut donner naissance à une conception spécifiquement politique. Il faut répondre par la négative. Car si la négation du politique impliquée dans tout individualisme conséquent commande une *praxis* politique de défiance à l'égard de toutes les puissances politiques et de tous les régimes imaginables, elle n'aboutira toutefois jamais à une théorie positive de l'État et du politique qui lui soit propre. Il s'ensuit qu'il existe une politique libérale sous forme d'opposition polémique visant les restrictions de la liberté individuelle par l'État, par l'Église ou par d'autres, sous forme de politique commerciale, de politique scolaire et des cultes, ou de la culture, mais qu'il n'y a pas de politique libérale *sui generis*, il n'y a qu'une *critique* libérale de la politique » (*NP*, p. 116-117). Le plus frappant dans cette analyse n'est pas le constat de l'exténuation du politique du fait du libéralisme : l'hypothèse libérale a en effet toujours affirmé que la société devait, tendanciellement au moins, trouver son ordre en elle-même et le politique (l'État) n'être plus que l'instrument résiduel de la régulation du social. Schmitt va plus loin : le libéralisme est une politique qui *nie* la politique, une politique *anti-politique*. Le libéralisme peut avoir des attitudes ou des positions politiques conjoncturelles (une politique culturelle, scolaire, commerciale, etc.), mais il n'y a pas de politique libérale *sui generis* parce que le principe du libéralisme a d'entrée de jeu évacué le critère de l'existence politique : à savoir le risque de la mort. Un système « qui exige que l'individu demeure *terminus a quo* et *terminus ad quem* » ne peut en même temps exiger « que l'on sacrifie sa vie ». Schmitt dénonce ainsi le paradoxe constitutif de la logique libérale : le libéralisme comme politique se réfute lui-même, il dévoile son essence anti-politique à partir du moment où il installe l'individu en posture de fondement.

Pour l'individu, la mort est le plus grand des maux et la préservation de la vie le plus grand des biens. Si le critère de l'existence politique est la distinction ami/ennemi et le risque de la mort violente, le libéralisme individualiste s'est d'emblée interdit le pouvoir de disposer de la vie des membres de la communauté. Le fait que, dans ce contexte, des individus soient encore prêts à donner leur vie pour une cause ne constitue pas une objection : leur décision subjective est une affaire privée – elle relève de l'*idiôn* – et elle n'interrompt pas véritablement le développement du processus vital de la société. La société libérale n'est pas une communauté politique et le libéralisme est radicalement anti-politique parce que son essence est *sécuritaire*[1].

C'est donc à partir de l'idée que *la mort est la raison d'être de la politique* (conservons provisoirement cette formulation volontairement ambiguë) que Schmitt dénonce la teneur anti-politique du libéralisme. On pourrait remarquer à cet égard qu'une critique très voisine de l'essence sécuritaire du libéralisme moderne a été menée, mais au nom d'un principe radicalement différent, par Hannah Arendt. C'est parce que *la liberté est la raison d'être de la politique* que le libéralisme, en dépit de son nom, est anti-politique. Encore faut-il préciser ce qu'elle

---

1. Cette inconséquence constitutive par laquelle le libéralisme s'abolit lui-même comme politique et révèle son essence anti-politique est beaucoup plus importante aux yeux de Schmitt que les échecs factuels de la politique libérale. Par ailleurs, Schmitt reconnaît qu'aucun autre système n'a encore réussi à prendre la place du « systématisme étonnamment logique de la pensée libérale » (*NP*, p. 118). Rappelons que la première version de *La Notion de politique* fut publiée en 1927...

entend par « liberté », qui n'est ni la liberté intérieure, expérimentée, dit-on, dans la solitude, ni le libre arbitre, encore moins la liberté de se libérer de la politique. La liberté est pour elle une réalité *du monde* et elle se déploie dans un espace commun où les hommes s'insèrent par l'action et la parole, où ils se rencontrent et s'apparaissent les uns aux autres. Les hommes ne sont pas seulement libres parce qu'ils possèdent le « don » de la liberté, ils *sont* libres quand ils *agissent* : « *être* libre et agir ne font qu'un ».

Or c'est cette « coïncidence » de la liberté et de la politique qui ne va plus de soi et que les expériences politiques de la modernité ont profondément remise en cause. Non seulement le fonctionnement des régimes totalitaires, mais la logique même de la pensée libérale. Nous ne sommes actuellement que trop enclins, écrit en substance Hannah Arendt, à considérer que « la liberté commence là où la politique finit[1] », et cette croyance a été et est encore le cœur même du credo libéral. La finalité du « gouvernement » était avant tout de garantir la sécurité et cette garantie rendait alors la liberté possible. Le problème n'est pas tant pour Arendt que le libéralisme soit enraciné dans la *peur* de la mort violente (après tout, on pourrait soutenir que la condition de toute liberté est, pour l'individu, d'être libéré de la peur), mais qu'il fasse de la *sécurité* le critère décisif du développement vital ininterrompu de la société. Le libéralisme est anti-politique non parce qu'il a fait disparaître la mort comme raison d'être de la politique, mais parce qu'il a imposé une définition de la liberté politique à la fois comme possibilité et comme droit de se libérer de la politique. En posant l'équivalence de la liberté politique et de la sécurité, il a fait disparaître la liberté comme raison d'être de la politique.

La critique arendtienne de la dépolitisation libérale n'obéit pas, on le voit, aux mêmes présupposés que celle de Schmitt

1. « Qu'est-ce que la liberté ? », *La Crise de la culture*, *op. cit.*, p. 193.

et elle n'aura pas non plus les mêmes implications. Arendt s'intéresse au monde qui est le nôtre, monde qui existait avant nous et qui nous survivra : d'autres hommes y ont vécu, y vivent et sont encore à naître. La mondanéité du monde est telle que la recherche de la sécurité et le souci de la préservation ne suffisent pas, politiquement parlant, à la constituer. La validité du monde est au-delà du simple souci de la vie : non pas que l'ordre des choses humaines relève d'un « sérieux » que la pensée libérale élude par principe et par décision (on a vu ce qu'il en était de la *banalité du mal* en quoi résiderait pour Arendt le « sérieux » de la vie humaine), mais parce que en politique « ce n'est pas la vie mais le monde qui est en jeu [1] ».

La mort est la raison d'être de la politique. Il faut revenir sur l'immense équivoque de cette formule. Dans la pensée de Hobbes, elle n'a de sens que négatif : c'est pour *ne pas* mourir de mort violente par le fait d'autrui que les hommes sont contraints de se *faire* politiques. C'est l'artificialisme de l'homme-artisan qui bornera l'angoisse et assurera la *self-preservation* (« la philosophie civile est démontrable parce que c'est nous-mêmes qui faisons le Commonwealth »). Se découvrant mortels à l'épreuve de la menace la plus extrême, les hommes chercheront à conserver à tout prix leur existence biologique brute (le *conatus* hobbesien est un *conatus* d'auto-conservation qui équivaut à « ne pas mourir » [2]). La raison

---

1. *Ibid.*, p. 203.
2. Ce à quoi ne se réduit évidemment pas le *conatus* spinoziste. *Perseverare in suo esse*, c'est actualiser les conséquences de son essence individuelle : le *conatus* spinoziste n'est pas un simple état mais une force « productive ». Aussi s'effare-t-on de lire, sous la plume d'un philosophe aussi averti qu'Alain Badiou, que Spinoza ne pense pas autre chose qu'un *conatus* d'autoconservation biologique : « Le comportement ordinaire de l'animal humain relève de ce que Spinoza appelle la "persévérance dans l'être", et qui n'est rien d'autre que la poursuite de l'intérêt, c'est-à-dire de la conservation de soi » (*L'Éthique. Essai sur la conscience du Mal, op. cit.*, p. 42).

d'être entraîne un rapport de consécution : la mort (plus exactement la peur de la mort) est la raison contraignante d'une raison calculante. Elle est contraignante parce qu'elle est la seule passion absolument légitime (au contraire du désir de gloire, par exemple). C'est en ce sens – et en ce sens seulement – que la mort peut être dite *décisive*.

Comment Schmitt peut-il alors se réclamer de Hobbes lorsqu'il développe sa propre position sur l'enjeu de mort ? Pour lui, la mort est la *raison d'être de la politique*. Elle est l'« épreuve décisive » d'abord parce que la communauté politique peut disposer de la vie et de la mort de ses membres mais aussi, plus profondément, parce que le *status* fondamental de l'homme implique une relation permanente à ce fait réel : « la possibilité de provoquer la mort physique d'un homme » (*NP*, p. 73). La mort est la *raison d'être de la politique* parce qu'elle est, positivement, le critère de l'existence politique. Et c'est à ce titre que le politique est fondamental, que le regroupement politique est « en toute occasion, le regroupement décisif » (*NP*, p. 80).

Leo Strauss, dans son commentaire sur *La Notion de politique*, a mis en évidence la contradiction interne de la pensée de Carl Schmitt. Schmitt se réclame de Hobbes (« ce grand esprit politique, systématique par excellence » – *NP*, p. 111) afin de justifier sa propre démarche : il s'autorise de la définition hobbesienne de l'état de nature (la guerre de tous contre tous) pour donner la primauté à la relation ami/ennemi et, à l'intérieur de cette relation, au concept d'« ennemi ». Ce n'est évidemment pas l'« ami » mais l'« ennemi » qui inclut, « au niveau de la réalité concrète, l'éventualité d'une lutte » (*NP*, p. 72)[1]. En donnant à la *lutte* un caractère « existentiel »,

---

1. Remarquons incidemment que le concept de *philia*, qui avait pour les Grecs et surtout pour Aristote une teneur hautement politique, se trouve rejeté hors du champ politique. Or, pour les Grecs, la *philia* n'est pas incompatible avec le *polemos* : les hommes sont hommes *avec* d'autres hommes, sur la place publique *et* sur le champ de bataille, lorsqu'ils discutent *et* lorsqu'ils combattent.

Schmitt se situe, apparemment, dans la stricte filiation du *homo homini lupus* : au-delà de la simple concurrence, de la discussion intellectuelle et même de la lutte symbolique dans laquelle les hommes sont engagés à chaque instant, c'est la lutte à mort qui est l'enjeu dernier de ce combat. La guerre n'est alors que l'actualisation d'une hostilité fondamentale qui consiste dans la « négation existentielle d'un autre être ». La difficulté, c'est que Hobbes a précisément voulu *domestiquer* cette disposition naturelle à la mort de l'autre : il a conçu le *status civilis* comme *dessaisissement* de ce que l'homme peut faire au sein du *status naturalis (status belli)* et qui rend ce dernier strictement *invivable*. D'où l'idée que la vie est le bien suprême, que le Souverain ne peut requérir de ses sujets qu'une obéissance conditionnelle, relative et limitée, et que le consentement de ceux-ci est révocable. Protéger la vie est la raison dernière de l'État et c'est la vie seule qu'on défend au prix de la mort de l'autre. Donc, en toute rigueur, à partir du moment où le droit naturel de Hobbes est le droit naturel de l'individu à sa conservation, l'association politique ne peut que déployer les implications de ce droit. Or tout se passe comme si Carl Schmitt n'avait pas tiré les conséquences *anti-politiques* (au sens où il l'entend) de la doctrine hobbesienne : ce qui le conduit à critiquer le libéralisme au nom de son fondateur et à détourner le sens de l'« épreuve décisive ». Hobbes a mis la mort à la place du *telos* et *déduit* la loi naturelle de la passion la plus puissante de toutes. Schmitt affirme le politique pour autant qu'il est *orienté vers* l'« épreuve décisive » : l'être politique est l'*être-pour-la-mort* et le libéralisme est anti-politique parce qu'il est l'*être pour-la-survie*. Ce qui implique une acception radicalement inverse de la mort comme *ultima ratio*.

Mais de quoi au juste Schmitt s'autorise-t-il dans la démarche de Hobbes ? C'est là qu'intervient la question des présupposés anthropologiques du politique. Rappelons la phrase si inconvenante déjà citée plus haut : « toutes les théories politiques véritables postulent un homme corrompu, c'est-à-dire un être dangereux et dynamique, parfaitement problématique » (*NP*, p. 107). Et Schmitt d'invoquer à l'appui Machiavel, Hobbes, Bossuet, Fichte, de Maistre, Donoso Cortés, Taine et même Hegel, ce philosophe aux « deux visages [1] ».

Aucune doctrine politique n'est séparable de ses fondements anthropologiques, de son anthropologie sous-jacente. Toutes se résolvent dans l'alternative suivante : elles posent par hypothèse (consciemment ou non) que l'homme est soit « corrompu de nature », soit « bon de nature ». La distinction est tranchée, elle n'a, reconnaît Schmitt, aucune signification éthique ou morale particulière, mais elle est parfaitement opératoire. Il est important, pour comprendre l'intention schmittienne, de prendre au sérieux le fait que la question « Est-il bon ? est-il méchant ? » est sans portée morale : elle recouvre purement et simplement l'alternative inoffensif/dangereux. L'homme est-il un être dangereux, implique-t-il des risques, ou bien est-il inoffensif et sans risque ? La réponse préalable à cette question détermine toute autre considération politique (*NP*, p. 103).

Le terme de « méchanceté » *(Bosheit)* recouvre des acceptions très différentes : « le mal peut se manifester sous forme de corruption, de faiblesse, de lâcheté, de sottise, mais aussi sous forme de brutalité, d'instincts mal dominés, de vitalité, d'irrationnel... ». Quant au « bien » il apparaît sous les « variantes correspondantes » de la « rationalité », de la « perfectibilité », de la « docilité », de l'« éducabilité », de « sympathiques tendances pacifiques, etc. » (*NP*, p. 103).

---

1. Hegel a « deux visages » : d'une part sa pensée peut passer pour « conservatrice », de l'autre « sa philosophie de l'histoire fournit au progrès de la révolution une arme idéologique dangereuse, plus dangereuse que ne l'avait été la philosophie de Rousseau aux mains des jacobins » (« Théorie du partisan », in *NP*, p. 260). Quant à l'idée selon laquelle toute théorie politique s'enracine dans une anthropologie, on la trouve formulée avec autant de netteté dans la *Théologie politique* de 1922 : « Toute idée politique prend d'une manière ou d'une autre position sur la "nature" de l'homme et présuppose qu'il est ou "bon par nature" ou "mauvais par nature" » (Paris, Gallimard, 1988, p. 65).

Donc, à s'en tenir à cette acception de la *Bosheit*, la distinction anthropologique qui fonde la pertinence des doctrines politiques ne renvoie pas non plus à l'idée de *nature* humaine : l'homme n'est ni bon ni méchant *naturellement*. Sa faiblesse, sa lâcheté, sa sottise désignent son impuissance. Sa brutalité, ses instincts mal dominés, sa vitalité renvoient à une sorte de « force animale ». Autrement dit, comme le souligne Strauss dans son commentaire, le mal peut être compris soit comme *faiblesse humaine*, soit comme *force animale*. Si on poursuit cette ambiguïté, on dira que le bien – qui est le corrélat du mal – consiste soit à pallier la faiblesse et l'insuffisance (sous la forme de la perfectibilité, de l'éducabilité), soit à contenir et à régler la brutalité (sous la forme de la rationalité, de la tendance au pacifisme). Et Schmitt d'en appeler aux théories de l'état de nature élaborées par les philosophes politiques du XVIIe siècle (Hobbes, Spinoza, Pufendorf) : l'état de nature est une « situation où les menaces et le danger sont constants » (*NP*, p. 104), où les hommes, à l'instar des animaux, se comportent de manière instinctive. En fait, il n'y a pas vraiment de contradiction entre l'idée du mal comme *insuffisance* et l'idée du mal comme *animalité* : une situation où règne la guerre de tous contre tous finit par engendrer l'impuissance généralisée. Mais si le mal n'a pas de signification morale, alors il est *innocent* : la « méchanceté » propre à l'état de nature ignore les critères du bien et du mal puisqu'elle est *à l'image de celle des animaux*[1].

De cette innocence présumée du mal, faut-il conclure que Schmitt réduit la « méchanceté » à n'être que la composante d'un pur rapport de force ou d'une situation imposée par la

---

1. On a vu que Kant, dans une perspective tout à fait autre (mais dont les implications concernent de très près le problème ici abordé), refuse lui aussi de faire de l'animalité la source du mal moral : l'animalité est *neutre*, elle ne peut fournir que l'occasion de la réalisation du mal. Et il importe de souligner que la question « Est-il bon ? est-il méchant ? » est posée par Kant, au début du texte sur la *Religion*, dans une perspective qui n'est pas seulement d'anthropologie morale mais aussi d'anthropologie politique.

force des choses ? Schmitt serait alors « machiavélien » au sens où Machiavel voit dans le mal une *hypothèse* nécessaire à l'institution du politique : « Quiconque veut fonder un État et lui donner des lois doit *supposer* d'avance les hommes méchants et toujours prêts à montrer leur méchanceté toutes les fois qu'ils en trouveront l'occasion » (*Discours sur la Première Décade de Tite-Live*, I, 3 ; je souligne). Le pessimisme anthropologique de Machiavel est hypothétique et sa normativité est a-morale puisqu'elle concerne avant tout la *virtu* du Prince fondateur. Dans ces conditions, l'opposition bien/mal perd de son tranchant et surtout de sa polarité : constater que les hommes sont « ingrats, changeants, dissimulés, avides de gagner » (*Le Prince*, XVII) permet avant tout d'apprécier le danger qu'ils représentent dans une situation donnée et d'évaluer un rapport de force.

Schmitt, en toute logique, peut-il admettre que l'on fasse du mal une hypothèse, fût-elle méthodologiquement nécessaire ? Si l'on renonce à son caractère « impératif » (au sens où seul un réel pessimisme anthropologique fonde une philosophie politique véritable), on renonce du même coup au « noyau » même de l'idée politique : à savoir la « décision moralement exigeante[1] ». La démarche de Schmitt impliquerait alors une deuxième contradiction interne : sa critique du libéralisme est, apparemment, une critique de l'optimisme anthropologique sur lequel se fonde l'hypothèse libérale. De cet optimisme, nous avons soit la variante forte – l'homme est bon par nature –, soit la variante atténuée – l'homme est perfectible et éducable. Mais toutes les doctrines qui refusent le pessimisme anthropologique (il leur suffit pour cela d'admettre l'« innocence » d'un mal « animal » ou de postuler que l'homme, fût-il au départ un animal bête et inculte, peut être éduqué) *contournent* le noyau de l'idée politique. C'est le cas du libéralisme, mais aussi de

---

1. *Théologie politique*, *op. cit.*, p. 74.

toutes les théories anarchistes : la négation de l'État implique soit une croyance fondamentale en la bonté native de l'homme, soit la conviction pédagogique que l'homme est *malléable* et donc éducable. Schmitt a donc, dans sa première caractérisation de la *Bosheit*, admis une sorte de « polysémie » de la méchanceté. Se réclamant de l'anthropologie hobbesienne, il a ensuite admis l'« innocence » du mal de l'animalité, son adéquation au *status belli*, voire son caractère conjectural. Mais la critique *radicale* du libéralisme, parce qu'elle s'opère au nom de la *position du politique*, nécessite en toute rigueur un présupposé bien plus *radical* que ces variantes atténuées du mal. Si le pédagogue doit (par nécessité méthodologique) tenir l'homme pour éducable et malléable, si le juriste doit s'appuyer sur l'adage *unus quisque praesumitur bonus*, « le théologien cesse d'être un théologien s'il cesse de penser que les hommes sont pécheurs ou qu'il leur faut une rédemption, s'il ne distingue plus les rachetés des non-rachetés, les élus de ceux qui ne le sont pas... ».

Tel est donc le noyau ultime de toute idée politique, le seul dont puisse s'autoriser la *décision moralement exigeante* : le dogme théologique fondamental qui affirme le *péché du monde* et l'*homme pécheur*, qui répartit les hommes en *catégories*, marque ainsi les *distances* (voir *NP*, p. 110-111) et interdit le neutre, l'entre-deux et la médiation pour ne laisser place qu'à une logique strictement *alternative* : *ou bien... ou bien...*

Schmitt n'est pas seulement un théologien politique qui analyse le mouvement vers la modernité comme le passage de la théologie chrétienne traditionnelle à la rationalité scientifique. Certes, le transport de la théologie (lieu privilégié de la controverse) vers la rationalité scientifique traduit, selon lui, la recherche d'une sphère « neutre » où les conflits seraient, sinon annulés, du moins amortis autant qu'il est possible. Mais cette quête, propre à la modernité, d'une sphère sans antagonismes s'avère tout à fait illusoire : tout terrain supposé neutre devient à son tour un champ de bataille, qu'il s'agisse de métaphysique rationnelle, de morale ou d'économie. On ne parvient donc jamais à annuler ou à liquider l'affrontement des hommes et des intérêts.

On ne rend pas non plus entièrement compte de la réelle portée de sa pensée lorsqu'on se contente de citer la célèbre phrase qui ouvre le chapitre III de la *Théologie politique* de 1922 : « Tous les concepts prégnants de la théorie moderne de l'État sont des concepts théologiques sécularisés. » Qu'on l'entende en termes de « développement historique » (le transfert de la théologie à la théorie de l'État) ou en termes de « proximité de structure » (indispensables à une approche sociologique), cette affirmation en forme d'axiome est centrale dans l'interprétation de l'État de droit moderne. Elle engage par ailleurs le sens de l'histoire moderne comme processus de sécularisation. Mais elle n'éclaire pas directement la position cruciale du *péché originel* ni le sens ultime, à la fois ontologique et existentiel, de la *radicalisation* schmittienne.

L'homme « corrompu », « dangereux et dynamique, parfaitement problématique », ce n'est donc pas autre chose que l'*homme pécheur*. Seule la doctrine du péché originel est apte à justifier la réalité du politique parce que seule elle « rend impossible l'optimisme indifférencié propre aux conceptions courantes de l'homme » (*NP*, p. 111). Optimisme « indifférencié » en ce qu'il interdit la désignation de l'ennemi, et surtout de l'ennemi absolu (celui que Cromwell n'avait pas hésité à qualifier d'« ennemi providentiel »). Si l'aptitude à discerner l'ami et l'ennemi est la « pierre de touche théorique et pratique » de toute pensée et de tout instinct politiques, cette pierre de touche s'évanouit avec la négation du péché originel. Avec le théologique disparaît le moral, avec le moral disparaît le politique, et « la décision morale et politique se trouve prise dans l'en-deçà paradisiaque d'une vie immédiate » et « naturelle »[1].

---

1. *Ibid.*, p. 73.

Ce qui intéresse ici le théologien politique, c'est l'*intériorisation* du destin par le péché : le caractère destinal du politique trouve dans la « vérité » du péché de quoi assurer sa permanence au-delà de telle ou telle « instance dominante ». Lorsque Schmitt définit l'époque moderne comme l'« ère de la neutralisation et de la dépolitisation », cela ne veut pas dire que le politique n'est plus le destin de la modernité. Car l'humanité européenne avait déjà, au cours des quatre derniers siècles, parcouru un certain nombre de stades où les dominantes étaient différentes : elle était passée de la théologie à la métaphysique, puis à la morale et enfin à l'économie. Mais, comme le remarque Leo Strauss, les « centres d'attraction » peuvent changer, « le politique demeure immuablement le destin ». Il n'est pas lui-même un centre d'attraction, il n'a pas de champ d'activité qui lui soit propre parce que sa logique est la logique suprême : celle qui se révèle dans les « sommets de la grande politique », aux « moments où il y a perception nette et concrète de l'ennemi en tant que tel » (*NP*, p. 114).

Pour que le politique soit le destin, au sens où l'entend Schmitt, il faut que soit écarté tout ce qui s'apparente à une contingence du mal, qu'en aucun cas le mal ne puisse être déclaré « innocent », encore moins « hypothétique ». Il faut que le mal soit irrémédiable, et pour que le mal soit irrémédiable, il faut que l'homme soit pécheur. Le péché est ainsi le *terminus a quo* de la « décision moralement exigeante » et l'homme n'est jamais, en tant que créature politique, déchargé du poids de l'origine.

Mais si on rejette tout ce qui pourrait ressembler à une contingence du mal, le *terminus ad quem* s'en trouve également affecté : le salut, lui aussi, sera sans attache avec la liberté. La liberté de choisir entre le bien et le mal – qui est déjà du ressort de la théologie morale – marque à cet égard un affaiblissement doctrinal. Dans une note de l'édition de 1932 de *La Notion de politique*, Schmitt cite à l'appui de sa thèse une phrase de saint Irénée tirée du *Contra haereses* : « *Homines liberos esse et eligendi facultate praeditos ; nec proinde quosdam natura bonos, quosdam natura malos*[1]. » Cette position est aux yeux de Schmitt une position de « moraliste » qui brouille les polarités décisives et laisse la porte ouverte à un optimisme « indifférencié ». On est déjà sur la pente de la décision libre, non contrôlée et qui ne regarde que le sujet lui-même.

Pour le théologien politique conséquent, le péché ne laisse subsister en l'homme aucune aptitude à se déterminer soi-même. Le péché *emporte* de lui-même toute la force de la décision : le salut ne viendra à la créature radicalement pécheresse que d'un *ailleurs*, d'un saut hors des régularités qui dissolvent le politique dans l'indifférenciation[2]. Lorsque Schmitt considère le passage, au XVIIe siècle, de la « théologie chrétienne traditionnelle à un système scientifique naturel » comme le tournant intellectuel « le plus lourd de conséquences » de toute l'histoire européenne[3], il veut d'abord signifier que l'humanité s'est mise à ce moment en quête d'un domaine « neutre », soustrait aux antagonismes théologiques fondamentaux (entendons par là : Dieu *ou* Satan), mais aussi que « Dieu lui-même est mis à l'écart du monde par la philosophie déiste du XVIIIe siècle et devient une instance neutre vis-à-vis des luttes et des antagonismes de la vie réelle ; ainsi que Hamann l'a objecté à Kant, il devient un concept et cesse d'être un Être[4] ». C'est le *miracle* qui se trouve ainsi rejeté hors du monde. Et le miracle est récusé parce qu'il implique une rupture des

---

1. « Les hommes sont libres et dotés d'une liberté de choix ; et par conséquent il n'en est pas qui soient bons par nature ni d'autres mauvais par nature » (saint Irénée, *Contre les hérésies*, livre IV, cité in *NP*, p. 205-206 ; je traduis).
2. Sur le motif schmittien de la « situation exceptionnelle » et l'analogie avec la démarche de Heidegger (« Seul un Dieu peut encore nous sauver »), je me permets de renvoyer au texte publié dans *La Persévérance des égarés*, « Lectures de la modernité : Heidegger, Carl Schmitt, Hannah Arendt » (*op. cit.*, p. 217-243).
3. « L'ère des neutralisations et des dépolitisations » (1929), in *NP*, p. 144.
4. *Ibid.*, p. 145.

lois naturelles et une exception liée à l'intervention divine[1].

Le politique se déploie entre ces deux extrêmes que sont le péché qui fonde et le miracle qui sauve : c'est ce qui le rend inéluctable. Et le consentement au politique – à la nature *dangereuse* de l'homme – ne vaut que par son ancrage théologique. La désignation de l'homme comme être « corrompu », « dangereux », « parfaitement problématique » ne relève pas d'une anthropologie des passions mais d'une théo-anthropologie qui transcende les affrontements « naturels ».

Consentir au politique, c'est donc, en toute rigueur, consentir au *sérieux* de la vie humaine. Ce qui revient à consentir à la nature irrémédiablement *dangereuse* de la créature pécheresse. C'est-à-dire, en dernier ressort, à consentir à l'*épreuve décisive* qu'est le risque de la mort. On a vu à quelles conditions et surtout au nom de quelles exigences le *mourir pour* avait véritablement un sens. Pouvoir tout exiger, pouvoir signifier la mort, telle est la prérogative qui met la communauté politique au-dessus de toutes les autres. Mais alors une autre question survient immédiatement : l'institution *moderne* de la mort permet-elle d'assurer le salut éternel et de faire d'un pécheur « instantanément un saint » ?

Ces mots sont empruntés à une lettre pastorale, intitulée *Patriotisme et Endurance* et diffusée le jour de Noël 1914 par le cardinal Mercier, primat de Belgique et archevêque de Malines. La Belgique est alors occupée par les armées allemandes et le cardinal patriote s'interroge dans ce texte sur « les rapports entre patriotisme et religion et aussi sur les conséquences de la mort au champ de bataille pour la vie dans l'au-delà ». Ernst Kantorowicz, dans un article magistral intitulé « Mourir pour la patrie[2] », prend appui sur les termes de cette

---

1. *Théologie politique, op. cit.*, p. 46.
2. « "Mourir pour la patrie" *(Pro patria mori)* dans la pensée politique médiévale », article publié en 1951 dans *American Historical Review* ; trad. fr. in *Mourir pour la patrie*, PUF, 1984, p. 105-141.

lettre, ainsi que sur les objections qui lui furent adressées par un autre prince de l'Église, pour analyser l'intrication politico-religieuse du *Pro patria mori* dans la pensée politique occidentale. « Mais si vous me demandez ce que je pense du salut éternel d'un homme courageux, qui donne volontairement sa vie pour défendre l'honneur de son pays et pour venger la Justice bafouée, je n'hésite pas à répondre qu'il ne fait aucun doute que le Christ couronne la valeur militaire, et que la mort chrétiennement acceptée assure au soldat le salut de son âme... Le soldat qui meurt pour sauver ses frères, pour protéger les foyers et les autels de son pays, réalise la plus haute forme d'amour... Nous sommes en droit d'espérer pour eux la couronne immortelle qui ceint le front des élus. Car la vertu d'un acte d'amour parfait est telle que, d'elle-même, elle efface une vie entière de péché. D'un pécheur, elle fait instantanément un saint. » A l'encontre de cette lettre pastorale, s'élevèrent de nombreuses objections, et notamment celle du cardinal français Billot : « Dire que le seul fait de mourir volontairement pour la juste cause de la patrie "suffit pour assurer le salut" signifie que l'on substitue la Patrie à Dieu [...], que l'on oublie ce qu'est Dieu, ce qu'est le péché, ce qu'est le pardon divin »[1].

L'enjeu du débat est donc de savoir si la *patrie terrestre* peut être investie par les mêmes attentes positives que la patrie des cieux, si la mort civique du héros *pro patria* lui assure une rédemption semblable à celle du martyr qui gagne le salut éternel en donnant sa vie pour la patrie spirituelle, la Jérusalem des cieux. La question est, dans un premier temps, celle de la sécularisation des fins par l'élaboration d'un nouveau *corpus mysticum* politico-étatique : à cet égard, la défense de la patrie terrestre peut venir relayer le sacrifice de soi pour le royaume du Christ car elle mobilise une charge émotionnelle du même ordre que le don de la vie pour la communauté invisible des cieux. Kantorowicz analyse avec la plus grande rigueur (ce qui

---

1. Cités par Kantorowicz dans *Mourir pour la patrie, op. cit.*, p. 107 et 109.

déborde le problème de l'institution moderne de la mort) comment – moyennant un certain nombre de distorsions de l'idée de « corps mystique » – l'assimilation du *corpus mysticum* de l'État au *corpus mysticum* de l'Église a rendu possible le parallèle entre le consentement à la mort civique et la foi du martyr chrétien. Et ce n'est évidemment pas un hasard si le raisonnement de l'historien prend appui sur l'immense tension collective de type eschatologique qu'engendra la Première Guerre mondiale [1].

Là où la réflexion de Kantorowicz, par des voies différentes, converge avec celle de Schmitt, c'est lorsqu'il se demande s'il *vaut la peine* de mourir pour la patrie comme les martyrs pouvaient mourir pour le royaume des cieux. Car le débat entre les deux cardinaux porte très précisément sur le rapport – voire sur la tension – du *consentement* et de l'*attente* : l'acceptation du *mourir pour* n'est pas un simple consentement à subir une mort naturelle. Par ailleurs, le *mourir pour* – même si la lettre pastorale ne mentionne que la dimension de l'amour – est-il séparable d'un *mourir contre* ? Donner sa vie, c'est donner la mort, et c'est bien par la figure de l'ennemi que passent l'éventuelle rédemption de l'homme pécheur et le salut éternel. Quoi qu'il en soit, dans un monde désenchanté, la position « substitutive » du cardinal Mercier est probablement plus consolante que celle de son confrère : si les concepts de la théorie moderne de l'État sont des concepts théologiques sécularisés (qu'on entende cette proposition en termes d'histoire ou de

---

1. Il ne faut cependant pas assimiler ce point de départ de l'analyse de Kantorowicz avec ce que Carl Schmitt appelle « situation exceptionnelle » et qu'on ne saurait en aucun cas circonscrire dans sa « réalité empirique ». Pour Kantorowicz, la guerre de 1914-1918 permet, dans ses systèmes de représentation, de mettre en évidence un certain mode d'investissement politico-religieux. Alors que la « situation exceptionnelle » est aux yeux de Schmitt ce qui révèle « la décision, dans son absolue pureté » : le problème n'est pas pour lui le rapport de la politique et de la guerre (même si la guerre est le « moyen extrême » de la politique) mais la suspension d'une jurisprudence qui se préoccupe exclusivement de questions relatives à la vie et aux affaires quotidiennes.

sociologie), il est rassurant de pouvoir lier l'exaltation de la mort civique au souci de l'immortalité. L'horizon d'attente ouvert par le cardinal Billot est plus incertain en ce qu'il n'autorise aucune problématique de la rétribution : le sacrifice de soi qu'est la mort du soldat au combat ne suffit pas à assurer le salut et n'appelle pas de récompense dans l'au-delà. La mort civique n'est pas le commencement de l'immortalité.

Mais, au-delà de leur divergence, ni l'un ni l'autre ne récusent l'idée que le sacrifice de soi patriotique a une valeur ennoblissante. Car, dans les deux cas, la configuration théologico-politique est déterminante et la mort *pro patria* est envisagée dans une perspective religieuse : que nous permet-elle d'espérer ? Une chose est claire cependant : la rédemption ne descend jamais ici-bas et, quelle que soit la valeur de la mort *pro patria*, elle n'autorise pas la confusion des deux cités. Le problème est de savoir si la mort pour le corps mystique séculier a gagné une valeur égale à celle du croisé pour le Christ-Roi.

Que se passe-t-il lorsque la valeur sacrificielle disparaît ? C'est ce qu'envisagent, selon des modalités différentes, Schmitt et Kantorowicz.

« Nous sommes, écrit ce dernier, sur le point de demander au soldat de mourir sans proposer un quelconque équivalent émotionnel réconciliateur en échange de cette vie perdue. Si la mort du soldat au combat – pour ne pas mentionner celle du civil dans les villes bombardées – est dépouillée de toute idée embrassant l'*humanitas*, fût-elle Dieu, roi ou *patria*, elle sera aussi dépourvue de toute idée ennoblissante du sacrifice de soi. Elle devient un meurtre de sang-froid, ou, ce qui est pire, prend la valeur et la signification d'un accident de circulation politique un jour de fête légale [1]. » Kantorowicz n'hésite pas à qualifier d'« avilissante » la tendance à priver ainsi la mort de son *humanitas*, à telle enseigne que les vies humaines ne seront plus sacrifiées mais proprement « liquidées ». Manière de dire

---

1. *Mourir pour la patrie, op. cit.*, p. 141.

que les hommes ne pourront plus s'emparer de leur mort, qu'ils n'auront plus le pouvoir de se faire « deux fois » mortels, et qu'ainsi leur sera ôté le souci de rendre la mort possible.

Schmitt, pour qui l'entité politique est en mesure d'exiger le sacrifice de la vie, ne reconnaît à l'individualisme libéral ni le droit de disposer de la vie des individus ni la capacité d'exiger que ceux-ci en fassent le sacrifice. Lorsqu'une communauté religieuse ou une Église demande à ses membres de mourir pour sa foi et de subir le martyre, elle n'agit pas en tant que « puissance organisée en ce monde » (*NP*, p. 91). Si tel est le cas, elle se transforme (comme en témoignent les guerres saintes et les croisades) en unité politique dont les entreprises se fondent alors sur une « décision d'hostilité ». Mais c'est précisément ce que la pensée libérale, qui se meut dans la polarité de ces deux sphères hétérogènes que sont « la morale et l'économie, l'esprit et les affaires, la culture et la richesse » (*NP*, p. 117), ne peut en aucun cas justifier. La raison n'en est pas seulement, comme on l'a vu, que la vie est le bien suprême et que toutes les obligations de l'individu à l'égard de la communauté sont conditionnelles (et *a fortiori* celle du *mourir pour*). La métaphysique libérale enferme une contradiction plus intraitable encore et que Schmitt énonce en ces termes : « *Pour l'individu en tant que tel, il n'existe pas d'ennemi contre lequel il ait l'obligation de se battre à mort s'il n'y consent de lui-même* » (*NP*, p. 118 ; je souligne). Les principes de la pensée libérale s'auto-abolissent si on prétend contraindre l'individu – porteur de droits souverains – à se battre contre son gré. Mais par ailleurs ce n'est que sous l'effet de sa propre volonté et de sa propre décision que ledit individu consentira au « sacrifice » de sa vie : il ne s'agira jamais que d'une affaire privée.

On ne peut donc, en toute rigueur, *consentir* au sacrifice de soi dans le cadre de la métaphysique libérale : c'est la valeur sacrificielle qui se trouve *a priori* vidée de son sens et de son contenu. D'où le retournement du *pathos* éthique en une immoralité flagrante : « Exiger des hommes, en toute sincérité, qu'ils tuent d'autres hommes et qu'ils soient prêts à mourir pour que le commerce et l'industrie des survivants soient florissants et pour que le pouvoir d'achat de leurs arrière-neveux soit solide, c'est une atrocité, c'est de la démence. Maudire la guerre homicide et demander aux hommes de faire la guerre, de tuer et de se faire tuer pour qu'il n'y ait "plus jamais ça", c'est une imposture manifeste. La guerre, les hommes qui se battent, prêts à mourir, le fait de donner la mort à d'autres hommes qui sont, eux, dans le camp ennemi, rien de cela n'a une valeur normative, il s'agit, au contraire, de valeurs purement existentielles, insérées dans la réalité d'une situation de lutte effective contre un ennemi réel, et qui n'ont rien à voir avec de quelconques idéaux, programmes ou abstractions normatives » (*NP*, p. 92).

Il est clair qu'aux yeux de Schmitt la vision du monde libérale nie, à sa racine, le politique parce qu'elle récuse l'*obligation supra-personnelle*. Or la valeur sacrificielle est inséparable de ce type d'obligation. La configuration théologico-politique qui opère dans la pensée de Schmitt – et dont il apparaît, une fois de plus, qu'elle est bien autre chose qu'une corrélation de méthode entre postulats théologiques et postulats politiques – radicalise le *mourir pour*, de sorte qu'il n'a de sens que face à l'*ennemi mortel*. Or, dans un système de pensée réglé sur la double polarité des impératifs économiques et de la « morale humanitaire », l'ennemi mortel n'existe pas : on y dispose de tous les moyens (non violents, « pacifiques ») pour mettre hors d'état de nuire les vaincus, les gêneurs, les indésirables. Ceux que Cromwell aurait à la rigueur qualifiés d'« ennemis accidentels ». Si tel est le devenir de l'institution *moderne* de la mort[1], on se trouve, à suivre la logique schmittienne, devant un problème insoluble en termes de « politique pure ».

---

1. Il faut garder en mémoire que pour Schmitt le libéralisme, en tant que « système métaphysique, global et conséquent », est (quels que soient ses avatars) l'horizon de la modernité. Et son problème est effectivement de savoir si et comment il peut être « dépassé ».

Dans un « ordre des choses humaines » où la mort au combat devient, pour reprendre la phrase terrible de Kantorowicz, une sorte d'« accident de circulation politique un jour de fête légale », s'installe *de facto* le règne de l'indifférenciation. Si le « sérieux » de la vie humaine se trouve alors « menacé dans son principe » (Leo Strauss), c'est aussi qu'une telle banalisation de la mort interdit l'accès à la transcendance. On remarquera à cet égard combien il importe à Schmitt de montrer (fût-ce au prix d'un détournement de la formule *Auctoritas, non veritas facit legem*) que Hobbes « maintient une porte ouverte sur la transcendance ». La longue remarque additive au chapitre VII de *La Notion de politique* et qui accompagne la réédition de 1963 (*NP*, p. 191-192) affirme que la proposition « Jésus est le Christ » est la clé de voûte de la doctrine politique de Hobbes et non une simple déclaration tactique. La série en ordre qui, partant du bas, commence par le besoin de protection et de sécurité de l'individu impuissant à l'état de nature se poursuit par l'obéissance et mène « jusqu'aux portes de la transcendance ».

Schmitt donne à cette ouverture sur la transcendance une inflexion très particulière : la figure de l'Ennemi est l'horizon de la trancendance ; lorsqu'elle s'évanouit, la porte de la transcendance se ferme. L'Ennemi est un don de Dieu *(« Enmity is put into him by God »)*. Si Cromwell, en lutte contre l'Espagne catholique, porte à son point culminant l'intensité de la « grande politique », c'est parce qu'il n'hésite pas à se réclamer du livre de la Genèse (III,15) : « je mettrai une inimitié entre ta postérité et la sienne ».

Au fond, le dernier mot de Schmitt est que la modernité, dans sa prétention à l'auto-institution, est foncièrement *impie* : non seulement elle a tenté de se soustraire à l'antagonisme fondamental du Bien et du Mal, de Dieu et de Satan, non seulement elle a voulu faire de Dieu une instance neutre, mais sa démarche « activiste » procède de la croyance en un pouvoir illimité de l'homme (maître et possesseur de *la* et de *sa* nature) jusqu'à l'instauration du bonheur sur *cette* terre. Comme si l'« existence naturelle et terrestre » pouvait assurer d'elle-même des possibilités « illimitées de bonheur et de transformation » ici-bas (*NP*, p. 151).

Le propos de Schmitt n'est pas de décrire le désenchantement d'un monde sécularisé mais de dénoncer le caractère « satanique » d'une telle entreprise : on ne peut en effet assimiler à une pure et simple absence d'âme le désir d'un monde réglé sur la rationalité et la régularité car il répond, au fond, au désir de l'homme de s'attribuer la place de Dieu. A supposer par ailleurs – ce qui est douteux – qu'on puisse désigner ce processus comme un mouvement de *déthéologisation*[1], il ne liquide nullement, aux yeux de Schmitt, la « réalité inévitable et inextirpable » de la distinction ami/ennemi. « On ne saurait éliminer du monde l'inimitié entre les hommes en interdisant les guerres entre États à l'ancienne mode, en propageant une révolution mondiale et en tentant de transformer la politique mondiale en police du monde. A la différence de la réforme, de la révision et de l'évolution, la révolution est une explication *[Auseinandersetzung]* entre ennemis. Le maître d'un monde à changer, c'est-à-dire d'un monde raté (à qui l'on impose une nécessité de changement parce qu'il ne se résigne pas à changer mais au contraire s'y oppose), et le libérateur, le fauteur d'un monde transformé, neuf, ne sauraient être de bons amis. Ils sont pour ainsi dire *de soi* des ennemis [2]. » Le dernier mot reste toujours à la phrase de Goethe, si diversement interprétée mais dont Schmitt peut récupérer le sens au profit de *son* indépassable horizon théologique : « *Nemo contra deum nisi deus ipse.* »

---

1. Sur cette question, voir la réponse de Schmitt à l'ouvrage de Hans Blumenberg, *Die Legitimität der Neuzeit (La Légitimité des Temps modernes)*, Francfort, Suhrkamp, 1966. Le texte de Schmitt paru en postface de *Théologie politique II* (1969) a été publié dans la traduction française de *Théologie politique*, *op. cit.*, p. 167-182. Sans entrer dans le détail de la contre-argumentation schmittienne, il faut cependant dégager ce qui en constitue le pivot : la permanence d'un dualisme structurel donné de manière immanente et dont le noyau est le concept de *stasis* (qui signifie à la fois « arrêt », « repos » et « trouble », « révolte »).
2. *Théologie politique*, *op. cit.*, p. 177.

Conclusion

Le débat entre Leo Strauss et Carl Schmitt met en lumière un aspect essentiel de la crise de la modernité : à savoir la tension constamment réactivée entre les visées d'une politique « minimaliste » tout entière ordonnée à la préservation de la vie et de la sécurité des individus et la radicalité d'une politique « maximaliste » qui, dans sa figure extrême, se présente comme une lutte à mort contre les formes réifiées du mal.

En un sens, Leo Strauss et Carl Schmitt s'accordent tous deux sur le fait que le problème essentiel de la politique moderne est celui de la perte des valeurs. Le premier associe la « modernité » à une thématique de la « crise » : « la crise de la modernité se révèle en ceci que l'homme occidental moderne ne sait plus ce qu'il veut – qu'il ne croit plus possible la connaissance du bien et du mal, du bon et du mauvais » (« Les trois vagues de la modernité »). Parce que la philosophie politique moderne est en proie aux faits, en proie au positivisme et à l'historicisme, elle a institué l'idée d'une liberté soustraite à des critères ultimes, d'une liberté non référée à quelque chose de plus haut que l'individu ou, tout simplement, à l'homme en tant qu'homme. On peut contester bien entendu l'interprétation massive et englobante que Strauss propose de la modernité et de sa soumission à l'historicisme[1], mais le problème n'est pas là : il réside dans le fait que l'abandon du

---

1. Ce qui a été déjà évoqué à la fin du chapitre 2.

règne des fins et la mise en place d'une conception non téléologique de la naturalité aboutissent inéluctablement à vider l'état de nature et la nature humaine de leur contenu. Comme le montre Rousseau par le biais du concept de *perfectibilité*, l'homme « naturel » ne peut être que *sans* nature : la nature de l'homme, c'est de n'avoir pas de nature. L'homme à l'état de nature « est un homme dépouillé de tout ce qu'il a acquis par ses propres efforts ». Il « est sous-humain ou préhumain ; son humanité ou sa rationalité ont été acquises au cours d'un long processus » (« Les trois vagues de la modernité »). Mais cette indétermination de la condition humaine originelle a pour nécessaire corrélat la définition de l'homme comme *animal perfectible*, autrement dit *malléable*. Car l'homme naturel manque non seulement de socialité mais aussi de rationalité : il n'est ni animal politique, ni animal social, ni animal raisonnable. Dans la mesure où il n'est pas par nature tourné vers des fins stables, il est en conséquence malléable à l'infini, et l'on se souviendra que de fait, chez Rousseau, la perfectibilité expose l'homme à la perversion autant qu'à la perfection : les hommes deviennent « tout ce qu'ils peuvent être en bien et en mal ». A l'indétermination de l'origine répond donc l'indétermination de la fin : puisque l'homme est dépourvu d'une « nature » qui poserait une limite à ce qu'il peut tirer de lui-même, il n'y a pas d'« obstacles naturels au progrès presque illimité de l'homme ou à son pouvoir de se libérer du mal. Pour la même raison, il n'y a pas d'obstacles à sa dégradation presque illimitée[1] ». Qu'est-ce alors que l'humanité, sinon ce que nous *voulons en faire* ?

Dans ces conditions, la radicalisation de la modernité, c'est aussi la radicalisation opérée *par* la modernité lorsqu'elle assigne au contenu de l'émancipation ou de la libération une indétermination symétrique de celle de l'origine. L'individu, écrit encore Leo Strauss, est amené à réclamer « une telle

---

1. *Droit naturel et Histoire*, *op. cit.*, p. 234-235.

émancipation radicale de la société que cette libération n'a plus aucun contenu humain précis [1] ». L'*homo politicus* moderne peut donc se proposer à lui-même n'importe quelle fin, et l'illimitation de la fin implique du même coup la radicalisation du faire. C'est avec la découverte d'un « libre pouvoir radical » et d'une aptitude à tout conquérir que ce *topos* caractéristique de la modernité a trouvé ses conditions de possibilité : en ce sens, la solution du problème politique suppose le triomphe d'un artificialisme qui n'implique pas seulement, comme chez Hobbes, une dilatation illimitée de la *mathesis*, mais la capacité que se donne l'humanité de se produire elle-même. Le thème de la maîtrise se combine avec celui de la table rase. Telle est au fond la double radicalité qui constitue le *nexus* de la politique des Modernes : une origine qui ne fait pas signe au-delà d'elle-même, un avenir sans contenu assignable parce qu'illimité.

L'idée que la modernité se réfléchit en crise – quoique investie de façon très différente – n'est pas étrangère à la pensée de Carl Schmitt. En effet, la métaphysique libérale tente, sans y parvenir, d'échapper au caractère destinal du politique, c'est-à-dire à la contrainte théologique : le mouvement qui la porte vers cet optimisme « indifférencié » où disparaît l'aptitude à discriminer l'ami et l'ennemi (aptitude qui est la pierre de touche de toute pensée politique) la porte du même coup à éluder le *sérieux* de la vie humaine. La dépolitisation et la neutralisation de l'époque moderne ne sont pas autre chose que la recherche d'un terrain intrinsèquement neutre où seraient rendues possibles « la sécurité, la certitude, l'entente et la paix » (*NP*, p. 145). On aurait l'impression, à première vue, que cette entente, cette sécurité et cette paix sont les répliques inversées de la crise. En réalité, c'est là une illusion et la neutralité n'est qu'apparente : dans la logique de Schmitt, l'effacement (voire la disparition) de la polarité ami/ennemi est une véritable mise

---

1. *Ibid.*, p. 253.

en crise de la réalité du politique : et lorsque le politique est menacé, c'est le *sérieux* de la vie humaine qui est lui-même menacé. A supposer que nous puissions envisager l'éventualité d'un monde d'où serait banni l'antagonisme fondamental ami/ennemi, ce monde « sans politique », en dépit de ses possibles et divers intérêts, en dépit de ses caractères « divertissants », serait dépourvu du *sérieux* qui donne sa *valeur* à la vie humaine.

La Notion de politique nourrit, souligne avec insistance le commentaire de Strauss, une interrogation cruciale sur l'« ordre des choses humaines ». Dans la modernité, se pose au premier chef la question des évaluations et de leurs critères. Or (toujours d'après Strauss) l'entente et la paix à tout prix sont, dans presque tous les cas, réalisables s'il ne s'agit que de définir les moyens à mettre en œuvre pour réaliser une fin prédéterminée. En revanche, le différend ultime porte sur la question des fins. A preuve le passage de l'*Euthyphron* dans lequel Platon s'interroge sur les raisons et les objets d'un conflit qu'on peut estimer irréductible : « Or, à propos de quoi notre dissentiment devrait-il dès lors exister, dans quel cas serions-nous incapables de parvenir à nous départager, pour que, en vérité, nous eussions l'un contre l'autre inimitié et colère ? Peut-être n'as-tu pas la chose sous la main ; mais, en m'entendant te la dire, examine si les présents objets de dissentiment ne sont pas ce qui est juste et ce qui est injuste, beau et laid, bon et mauvais : n'est-ce pas à propos de nos dissentiments là-dessus et à cause de notre incapacité, dans ces cas, à arriver à nous départager que nous devenons ennemis les uns des autres quand nous le devenons, toi aussi bien que moi et que, en totalité, le reste des hommes[1] ? »

C'est donc à propos du juste et de l'injuste, du bien et du

---

1. Platon, *Euthyphron*, 7 c-d. Voir également *Phèdre*, 263 a : « Mais, quand il s'agit du juste et du bon, que se passe-t-il ? Chacun ne se porte-t-il pas dans une direction différente ? Est-ce qu'à nos contestations mutuelles ne s'ajoutent pas celles que nous avons avec nous-mêmes ? »

mal, que les hommes sont, en dernier ressort, incapables de se
« départager » et de s'accorder : c'est alors qu'ils deviennent
ennemis les uns des autres et ennemis d'eux-mêmes. L'affirmation du politique consiste à ne pas éluder cet enjeu qui donne
son sens à la vie humaine : si les hommes sont à la recherche
d'une entente *à n'importe quel prix*, ils renoncent à se demander ce qui est juste ; et s'ils renoncent à une telle question, ils
renoncent à être hommes. Mais dès lors qu'ils la posent *sérieusement*, ils se trouvent confrontés à une « problématique inextricable » (*NP*, p. 147) : ils s'affrontent à la vie et à la mort.

Mais le terrain sur lequel Leo Strauss et Carl Schmitt situent
respectivement le *sérieux* (ou l'ordre) de la vie humaine n'est
pas le même : sur ce motif, il y a – plus qu'une ambiguïté – un
réel malentendu. Car le philosophe politique n'a pas en vue
l'horizon dernier de l'eschatologie : pour lui, la question des
valeurs doit être posée dans l'horizon des *affaires humaines*.
Aussi la critique straussienne de la « perversion » libérale (perversion qui consiste à n'avoir en vue que la préservation de la
simple vie, la sécurité, et la garantie du bonheur privé) n'est-elle pas menée au nom de la foi : Strauss condamne la moderne
éviction de la « vertu », de l'excellence, du souci des fins qui
excèdent la survie ou le simple bien-être matériel. Si le souci
de la justice a une portée radicale, c'est parce qu'il concerne
les fins suprêmes de la communauté politique : la consistance
de la « chose politique » suffit en droit à rendre raison de la
nature de la « vie bonne »[1]. Quant au problème théologico-politique, s'il est pour Strauss un problème crucial, c'est dans
la perspective (spinoziste, pourrait-on dire) d'un conflit entre
les prétentions de la raison et celles de la révélation.

---

1. Dans *La Cité et l'Homme*, Leo Strauss n'hésite pas à qualifier la philosophie politique de « philosophie première » (Paris, Presses-Pocket, « Agora », 1987, p. 33). Dans une perspective très différente mais qui aboutit à une interprétation du même ordre, il émet l'hypothèse que s'il « n'y a aucune place pour la philosophie politique dans l'œuvre de Heidegger », « il se peut bien que la raison en soit que la place en question est occupée par des dieux ou par les dieux » (*Études de philosophie politique platonicienne, op. cit.*, p. 42).

CONCLUSION

En revanche, il est clair que, pour le théologien politique, le *sérieux* de la vie humaine n'a de sens que dans l'horizon de la foi : la question des valeurs et celle de la décision débouchent inéluctablement sur une eschatologie du Jugement dernier. Car affirmer le politique, c'est affirmer l'incapacité de l'homme pécheur à connaître par lui-même ce qui est juste ou injuste par nature. Dès que l'homme prétend légiférer de lui-même (autrement dit : se faire Dieu), l'indifférenciation s'installe sur le devant de la scène et le règne de l'inimitié s'efface. Comment ne pas évoquer ici la position de Pascal, pour qui l'homme, corrompu par le péché originel, a été privé de la justice conforme à l'ordre supérieur de Dieu [1] ? Mais en réalité la contrainte théologique est telle que même le doctrinaire de l'anti-théologie ne peut être que théologien : l'anarchiste se voit ainsi contraint de « se décider de manière décidée contre la décision », tel Bakounine, le plus grand anarchiste du XIXe, qui, par un paradoxe étrange, est devenu « théoriquement le théologien de l'antithéologique [2] ».

Si le dernier mot de Schmitt est que de la « vertu d'un savoir intègre » peut renaître l'« ordre des choses humaines » (*NP*, p. 153), cette idée n'a de sens que dans l'horizon d'une théologie politique et d'une politique théologique. Et pour Schmitt cet horizon est absolument indépassable : dogme contre dogme, orthodoxie contre hérésie, théologie contre anti-théologie, telle est l'alternative radicale en laquelle se résolvent tous les conflits politiques de l'histoire du monde. Quant à la « vertu d'un savoir intègre », elle réside en dernier ressort dans cette métaphysique de la décision qui choisit Dieu contre le diable,

---

1. « Il y a sans doute des lois naturelles, écrit Pascal, mais cette belle raison corrompue a tout corrompu. » Et Pascal poursuit en citant une phrase de Tacite tirée des *Annales* : « *Ut olim vitiis, sic nunc legibus laboramus* » (« Nous souffrions jadis de nos vices ; aujourd'hui nous souffrons de nos lois », *Pensées*, 294, éd. Brunschvicg).
2. *Théologie politique, op. cit.*, p. 74-75.

le Bien contre le Mal, et ne connaît ni médiation, ni synthèse, ni moyen terme. C'est donc au jugement de Dieu que nous nous en remettrons lorsqu'il s'agira de nous « départager » face au « juste » et à l'« injuste ». Or, dans ces conditions, une vie qui ne veut connaître d'autre ennemi que la mort n'est plus vraiment de la vie : « elle est pure impuissance et détresse » (*NP*, p. 153). Le véritable combat n'est pas celui de la vie contre la mort, de l'esprit contre le « néant de l'esprit » : c'est à l'esprit que s'affronte l'esprit, c'est à la vie que se mesure la vie. On ne résout pas un problème politique en posant, de manière antithétique, la mort *ou* la vie : la décision d'hostilité et l'enjeu de mort sont au cœur de la vie du politique. Celle-ci n'est vie véritable qu'à la condition d'être pour la mort, mais cette invention politico-métaphysique de la mortalité est irrésistiblement prise dans l'étau de la configuration théologico-politique. Aussi la vie du politique est-elle *être pour la mort* et la mort est-elle en retour la clef d'une *politique de l'immortalité* : la théologie politique dilate l'avenir et illimite l'« horizon d'attente[1] » jusqu'à le désigner comme immortalité retrouvée au sortir de la mort. Ce n'est pas un hasard si Carl Schmitt fait du moment jacobin l'un des sommets de la « grande politique » : « entre le peuple et ses ennemis, s'écrie Saint-Just, il n'y a plus rien de commun que le glaive ». Mais le discours de la guerre et la logique implacable de la lutte à mort qui exacerbent l'antagonisme ami/ennemi trouvent de surcroît leur assomption dans le désir de l'immortalité glorieuse : « Je méprise la poussière qui me compose et qui vous parle ; on pourra me persécuter et faire mourir cette poussière ! Mais je défie qu'on m'arrache cette vie indépendante que je me suis donnée dans les siècles et dans les cieux. » Saint-Just a déjà un pied dans la mort lorsqu'il rédige ses *Fragments d'institutions républicaines*, tout comme Robespierre s'écriant le 8 Thermi-

---

1. J'emprunte l'expression à R. Koselleck. Pour une explicitation détaillée du rapport entre « espace d'expérience » et « horizon d'attente », voir l'analyse de Paul Ricœur dans *Temps et Récit*, t. III, Paris, Éd. du Seuil, 1985, p. 303-313.

dor : « La mort est le commencement de l'immortalité. » Et Michelet de commenter en ces termes, dans la préface de 1868 à l'*Histoire de la Révolution française*, ce souci de l'immortalité : « Les temps faibles ne comprendront plus comment, parmi ces tragédies sanglantes, un pied dans la mort même, ces hommes extraordinaires ne rêvaient qu'immortalité. »

Il n'est pas interdit de retrouver dans ces formules déclamatoires une inspiration proche de l'idéal de la « belle mort » du héros antique, « revisitée » en quelque sorte par l'héroïsme de la tragédie classique (c'est bien ainsi que la révolution « classique, lettrée des Jacobins » apparaît à Quinet : une révolution pleine de « formules lacédémoniennes » et conforme, dans la conscience de ses auteurs, au déroulement d'une « tragédie classique »[1]). Mais il faut y ajouter une autre inspiration, propre à la modernité : celle d'une politique théologique qui se fait œuvre sainte en appelant à la réformation radicale de l'ici-bas. Sans cette vision de la politique investie par un transfert de sacralité, sans la conscience qu'un *nexus* politico-religieux habite les révolutions modernes, on ne peut comprendre la véritable portée de ces formules. Certes, le souci de la postérité, si cher au héros révolutionnaire, prend d'abord la figure (c'est un *topos* propre au XVIIIe siècle) d'un art de mourir, d'une stylisation de la conduite hérités des modèles spartiates et romains : tous, ou presque, montent à l'échafaud en croyant revivre la mort des Gracques, les *Vies des hommes illustres* de Plutarque ou les suicides héroïques rapportés par Tacite. Mais, plus profondément, si la vie renaît du sein de la mort sous la forme de l'immortalité glorieuse, c'est au nom d'une politique qui a pris le visage de la rédemption et pour qui la mort est en définitive la clef du réel : seule la précipitation dans la mort permet de résoudre une énigme sans issue mais porteuse d'un futur illimité.

---

1. Sur cette question, je me permets de renvoyer à *D'une mort à l'autre*, *op. cit.*, p. 177 *sq.*

Cette impossible *politique de l'immortalité* ne prolonge pas, à mon sens, l'antique conviction selon laquelle la *polis* était seule capable d'assurer la stabilité et la permanence du monde commun. La politique de l'immortalité n'est pas aussi « antichrétienne » que l'affirme Arendt dans l'*Essai sur la Révolution*, elle n'est pas si « étrangère à l'esprit religieux de toute la période qui sépare la fin de l'Antiquité de l'époque moderne ». Elle est traversée par le christianisme dans la mesure où sa visée même est rendue possible par l'incarnation du divin dans l'humain et par l'inscription d'une transcendance au lieu du pouvoir et dans les frontières de l'espace mondain. Mais l'essentiel est que la politique de l'immortalité ainsi entendue (et dont la figure paroxystique prend corps dans l'expérience limite) *inverse* littéralement les exigences de la *tâche* politique : celle que peuvent s'assigner des mortels qui pensent l'éternité mais ne jouissent pas de l'immortalité et ne cherchent pas non plus à produire la mortelle illusion. *La Mort de Danton* de Büchner dévoile, notamment à travers le grand discours de Saint-Just (acte II, scène 7) et sans concession aucune, le messianisme apocalyptique qui sous-tend ce désir d'immortalité. Le discours de Saint-Just est celui de la théodicée et la référence au livre de l'Exode fait de la Terreur révolutionnaire le répondant de la traversée du désert : « Moïse conduisit son peuple à travers la mer Rouge et le désert jusqu'à ce que la vieille génération corrompue se soit usée, ensuite seulement il fonda le nouvel État. Législateurs ! Nous n'avons ni la mer Rouge ni le désert, nous avons la guerre et la guillotine [1]. » « Les pas de l'humanité sont lents, on ne peut les compter qu'en siècles, et derrière chacun s'élèvent les tombeaux des générations. L'accès aux découvertes et aux principes les plus simples a coûté la vie à des millions, qui moururent en chemin. N'est-il pas tout naturel qu'en un temps où la marche de

---

1. G. Büchner, *La Mort de Danton*, in *Œuvres complètes*, éd. dir. par B. Lortholary, Paris, Éd. du Seuil, 1988, p. 137.

l'histoire est plus rapide, les hommes en plus grand nombre perdent le souffle ? » C'est ainsi, comme l'avait dit Vergniaud, que la révolution, telle Saturne, « dévore ses enfants » : au nom de l'idôlatrie d'un être abstrait, qui n'a besoin de personne et qui, après avoir englouti les individus les uns après les autres, peut « grandir de l'anéantissement de tous ». Ces mots de Quinet ne sont pas le signe de l'exécration : ils émanent de celui qui voulut précisément faire la critique de la Révolution *au nom de la Révolution*. Ils sont le signe (au moins) de la perplexité devant l'abstraction surhumaine d'une politique qui voudrait nous élever, inhumainement, au-dessus de nous-mêmes. Cette même perplexité, on la retrouve chez Büchner. Le « drame sublime de la Révolution » – expression que Büchner met dans la bouche de Robespierre – n'est pas récupéré dans le sens de l'Histoire : une telle perspective s'éclaire à la lueur de l'être-démuni de Marion et surtout de l'idée, énoncée un peu plus tard dans *Lenz*, selon laquelle, loin de vouloir « transfigurer » l'humanité (cet idéalisme est en fait « le mépris le plus abject qui soit de la nature humaine »), il faut l'aimer « pour pénétrer dans l'être profond de chacun[1] ». Manière de dire – comme Quinet dénonçant la Révolution devenue « idole divinisée » – que le mépris des singularités réelles (« des êtres de chair et de sang dont je puisse éprouver la souffrance et la joie[2]... ») et l'oubli du *sens de l'humain* (de la *philanthropia*) sont le prix de la politique de l'immortalité.

Kant, avons-nous vu, récuse le despotisme politique dont pourrait se prévaloir le pessimisme anthropologique et ne s'élève pas moins contre le « despotisme moral » d'une politique qui, prétendant extirper du cœur de l'homme jusqu'au désir de faire le mal, nie par là même que le mal soit le mal de la liberté. On ne se « libère » pas du mal si tant est qu'on ne

---

1. *Lenz, ibid.*, p. 179.
2. G. Büchner, lettre du 28 juillet 1835, *ibid.*, p. 539.

se « libère » pas de la liberté. *Le mal, la liberté, l'espérance* : tels sont donc les concepts qui dessinent la configuration de la démarche kantienne dans le texte sur la *Religion*. De cette démarche qui à la fois suspend (et peut-être même défait ou « déconstruit ») l'idée du péché originel, refuse le langage de la théodicée et fait de l'espérance un non-savoir auquel on ne saurait néanmoins renoncer (sous peine d'admettre l'orientation irrésistible du mal et de s'interdire toute restitution de la puissance d'agir), on osera dire qu'elle est radicalement *a-théologique* : elle délivre du poids de l'origine en instituant le paradoxe d'un inscrutable *déjà-là* dont nous sommes cependant *responsables* (au fardeau de la culpabilité héritée se substitue la puissance de la responsabilité toujours recommencée), elle fait du mal une *manière de la liberté* et non une substance, elle barre la voie à l'alternative d'une politique diabolisée ou d'une politique sanctifiée.

Si, pour reprendre les termes de Hegel dans *La Raison dans l'Histoire*, « la théodicée consiste à rendre intelligible la présence du mal face à la puissance absolue de la Raison », alors la doctrine kantienne est réellement une anti-théodicée. Non seulement elle affirme que l'inintelligibilité du mal radical (le non-savoir de l'origine) met en échec la puissance de l'explication spéculative, mais cet échec lui-même entraîne un retournement de la perspective vers la sphère pratique. C'est à cette aporie spéculative (car le mal radical met en lumière l'aporie de la soumission au schème de la causalité) que réplique, en la « débordant », la tâche infinie de la liberté pratique : « si nous pouvions ici posséder un savoir, écrit Jaspers, notre liberté se trouverait paralysée [1] ». Parce que nous ne possédons pas ce savoir comme nous disposerions d'une propriété (et il ne faut pas oublier que « la limite où nous cessons de comprendre implique peut-être en même temps une limite de la liberté elle-même [2] »), la liberté

---

1. « Le mal radical chez Kant », in *Bilan et Perspectives*, Paris, Desclée de Brouwer, 1956, p. 210.
2. *Ibid.*, p. 206.

éveille et augmente son énergie, sa puissance d'exister et d'agir. C'est le *principe de raison insuffisante* (« la raison, écrit Kant, se rend compte de son insuffisance ») qui produit le paradoxe de la démarche kantienne : parce que notre raison ne se suffit pas à elle-même, l'inquiétude est irrémédiable et, parce que l'inquiétude est irrémédiable, c'est par l'espérance que nous répondons (que nous résistons) *invinciblement* à l'orientation apparemment irréversible du mal.

Accomplissant toutes les conséquences du démantèlement de la théologie rationnelle, la pensée politique de Kant (disons plutôt sa « manière politique ») renvoie la théodicée à la sphère de l'illusion transcendantale et maintient en conséquence avec la plus grande rigueur la distinction entre la *tâche* et l'*œuvre*, entre la communauté politique et la communauté éthique d'un « peuple de Dieu », entre l'accord des volontés « impures » sous une règle commune et leur régénération. Pour Kant, dont on pourrait dire qu'il inverse par anticipation la célèbre formule de Carl Schmitt, les concepts de la théorie moderne de l'État *ne sont pas* et *n'ont pas à être* des concepts théologiques sécularisés. Et, dans ces conditions, on comprend que Carl Schmitt ait repris à son compte et poursuivi (précisément du point de vue de la théologie politique) l'objection de Hamann à l'encontre de Kant : Dieu, mis à l'écart du monde par le déisme du XVIIIe siècle, est devenu une instance *neutre* vis-à-vis des antagonismes de la vie réelle. C'est ainsi qu'il a cessé d'être un Être pour devenir un concept. Mais ce n'est pas le moindre paradoxe que le penseur de la « religion » – celui qui voit dans le *faire* de l'institution l'occasion privilégiée des fausses synthèses – ait, contre les prétentions du théologien politique, énoncé en quelque sorte la nécessaire distinction de l'*a-thée* et de l'*a-théologique*. Et c'est bien cette distinction qui, prise dans la rigueur de ses conséquences, barre la voie à toute politique qui s'affirmerait (explicitement ou implicitement) comme un substitut de la théodicée, c'est-à-dire comme une dogmatique de la rédemption.

CONCLUSION

Ainsi entrelacée – et même arc-boutée – à la thématique du mal radical, tout comme la visée de la totalité (la requête d'un « objet entier de la volonté ») est intriquée à la pathologie de son accomplissement statutaire, la politique de Kant ne peut en aucun cas être définie de façon strictement négative ou restrictive : on a vu qu'elle ne pouvait être réduite à la dimension défensive d'une « politique de l'entendement » qui se contenterait de s'opposer à la visée englobante d'une grande « politique de la raison ». S'il y a une *Schwärmerei* de la raison politique, si la raison politique *extravague*, on doit y voir le signe à la fois d'une requête légitime et d'une pathologie difficilement évitable. Pour affronter le tragique de cette structure duplice, Kant ne se réfugie pas (comme l'atteste le jugement qu'il porte sur la Révolution française et dont il ne se départira jamais) dans une position de repli. La *même* révolution entraîne dans son sillage l'*enthousiasme* pour le signe d'histoire qui témoigne de la *disposition* morale de l'humanité et l'*horreur* pour l'acte qui figure la radicalité du mal comme *penchant* de la nature humaine.

On ne dira jamais assez combien cet entrelacs est emblématique : plus « originaire » que la « radicalité » du mal est en effet la *disposition* qui fonde l'exigence de la tâche politique. Et, du même coup, cette disposition soustrait l'homme à l'enfermement du désespoir et l'oriente téléologiquement vers l'espérance : cette « espérance en des temps meilleurs, sans laquelle jamais un désir sérieux de faire quelque chose d'utile au bien universel n'aurait jamais échauffé le cœur humain » *(Théorie et Pratique)*. Il suffit d'appréhender cette structure du dispositif de pensée kantien pour ne pas verser dans le contresens si communément répandu qui assimile (ou feint d'assimiler) le mal « radical » au mal « essentiel » ou « absolu »[1].

---

1. Il est clair que toute cette analyse signe mon total désaccord avec la lecture que produit Alain Badiou de la doctrine kantienne du mal radical. Badiou, pour les commodités de sa polémique contre les tenants de l'idéologie des droits de l'homme, identifie, sans autre forme de procès, mal radical et mal absolu. Ce

Politiquement parlant, une telle structure est décisive car elle fait obstacle aussi bien à la théologie masquée des politiques décisionnistes qu'au désenchantement a-politique des politiques de la survie. Et ce n'est pas à la légère que la structure duplice de la raison politique a été qualifiée de *tragique* : car la « manière politique » de la philosophie de Kant réactive, dans les conditions spécifiques de la modernité, l'articulation requise par Aristote de la *phronesis* et du *deînon*. C'est la problématique du mal radical (ce « fait intelligible » qui affecte toute action et dont aucun schéma explicatif ne rend raison) qui « corrige » l'optimisme historique, entraîne la vocation à l'incertitude (tout en requérant l'orientation dans l'agir) et fait qu'en matière de pensée politique les jugements déterminants sont inopérants. Non seulement parce qu'il s'agit de juger et d'agir en situation, là où l'universel n'est pas *déjà* donné (ce qui est *déjà* là, c'est l'antériorité insondable du mal) et où l'inquiétude est sans remède, mais parce que le jugement réfléchissant assure la possibilité d'une *finalité sans fin* ou, si l'on veut, d'une liberté agissante. Nous allons donc du mal radical à l'exercice du jugement réfléchissant comme nous allions, *mutatis mutandis*, du *deînon* à l'exercice de la « sagesse pratique » chez Aristote.

Mieux que personne, les Tragiques grecs savaient que la problématisation du *deînon* n'était pas son effacement : l'appel au *phroneîn* retenait toujours la trace impérissable de l'ancien et de l'inquiétant. Ils savaient aussi que l'homme ne se délivre pas de la terreur qui l'enchaîne en refoulant l'horreur des possibles qu'il porte en lui et qui sont le fond même de l'épreuve

---

qui lui permet d'affirmer qu'on est en présence d'un thème qui non seulement « appartient à la religion » mais qui, de surcroît, constitue une tentative « incohérente » d'« absolutisation religieuse du Mal » (*L'Éthique. Essai sur la conscience du Mal, op. cit.*, p. 55-60). Il est clair que la démarche kantienne procède, selon moi, exactement à l'inverse et qu'elle désabsolutise toute cristallisation de type théologico-politique.

humaine. C'est ainsi que le tragique instruisait le politique. Le temps où nous vivons, dit-on souvent, est celui d'où les dieux se sont absentés. Nous irions volontiers déplorant qu'en ce temps nul n'est contre l'homme si ce n'est l'homme lui-même, et nous ne sommes pas loin d'assigner la détresse (c'est-à-dire la platitude) de notre présent à la disparition ou tout au moins à l'effacement des déterminations anthropologiques : est-il bon ? est-il méchant ? Conformément à l'idée selon laquelle les théories politiques « cohérentes » se règlent en dernier ressort sur une anthropologie positive (optimiste) ou sur une anthropologie négative (pessimiste), c'est au sein de l'alternative du « despotisme moral » ou du « despotisme politique », de l'angélisme ou de la malfaisance, que se sont la plupart du temps déployées les formes inverses et symétriques de ce que Michel Foucault appelait la « gouvernementalité rationnelle ». Parce que la problématique du mal radical récuse d'emblée une telle alternative, elle enseigne le véritable *milieu* du politique et nous aide à démêler l'écheveau d'une logique qui porte en elle à la fois le sens *et* le non-sens, la fragilité *et* le courage de l'espérance, la faillite *et* la responsabilité. Elle ne libère pas *de* la liberté, elle libère *à* la liberté.

Table

Avant-propos 11

1. Banalité du mal ? 21

2. Kant et l'idée du mal radical 41

3. L'abîme de la socialité
   dans la constitution du vivre-ensemble .. 73

4. La radicalité des Modernes 103

Conclusion 153

LA COULEUR DES IDÉES

Tzvetan Todorov
Nous et les Autres
La réflexion française sur la diversité humaine

Francisco J. Varela
Autonomie et Connaissance
Essai sur le Vivant

Mony Elkaïm
Si tu m'aimes, ne m'aime pas
Approche systémique et psychothérapie

Eric Landowski
La Société réfléchie

Ronald D. Laing
Paroles d'enfants

Gregory Bateson et Mary Catherine Bateson
La Peur des anges

Mary Catherine Bateson
Regard sur mes parents
Une évocation de Margaret Mead et de Gregory Bateson

Frances Tustin
Le Trou noir de la psyché

Lynn Segal
Le Rêve de la réalité

Jean-Louis Bouttes
Jung : la puissance de l'illusion

Gregory Bateson
Vers une écologie de l'esprit, t. 1 et 2

Gregory Bateson
La Nature et la Pensée

Jean-Pierre Dupuy
Ordres et Désordres
Enquête sur un nouveau paradigme

Oliver Sacks
Des yeux pour entendre
Voyage au pays des sourds

Oliver Sacks
L'Homme qui prenait sa femme pour un chapeau

Cornelius Castoriadis
Le Monde morcelé
Les Carrefours du labyrinthe III

Élisabeth Laborde-Nottale
La Voyance et l'Inconscient

Lucien Sfez
Critique de la communication

Colloque Atlan
Les Théories de la complexité

Marina Yaguello
En écoutant parler la langue

Tzvetan Todorov
Face à l'extrême

Olivier Mongin
La Peur du vide
Essai sur les passions démocratiques

Daniel Sibony
Entre-deux
L'origine en partage

Paul Watzlawick
Les Cheveux du baron de Münchhausen
Psychothérapie et « réalité »

Raymonde Carroll
Évidences invisibles
Américains et Français au quotidien

Murray Edelman
Pièces et Règles du jeu politique

John Rawls
Théorie de la justice

Philippe Van Parijs
Qu'est-ce qu'une société juste ?
Introduction à la pratique de la philosophie politique

Paul Ricœur
Lectures 1
Autour du politique

Groupe µ
Traité du signe visuel
Pour une rhétorique de l'image

Françoise Choay
L'Allégorie du patrimoine

Stéphane Mosès
L'Ange de l'Histoire
Rosenzweig, Benjamin, Scholem

Roger Dragonetti
Un fantôme dans le kiosque
Mallarmé et l'esthétique du quotidien

Pierre Saint-Amand
Les Lois de l'hostilité
La politique à l'âge des Lumières

Daniel Sibony
Les Trois Monothéismes
Juifs, Chrétiens, Musulmans entre leurs sources et leurs destins

Allen S. Weiss
Miroirs de l'infini
Le jardin à la française et la métaphysique au XVIIe siècle

Frances Tustin
Autisme et Protection

Jean-Jacques Wittezaele et Teresa Garcia
A la recherche de l'école de Palo Alto

Paul Ricœur
Lectures 2
La contrée des philosophes

Pierre Pachet
Un à un
De l'individualisme en littérature
(Michaux, Naipaul, Rushdie)

Francisco Varela, Evan Thompson, Eleanor Rosch
L'Inscription corporelle de l'esprit
Sciences cognitives et expérience humaine

Janine Chanteur
Du droit des bêtes à disposer d'elles-mêmes

Collectif
Système et Paradoxe
Autour de la pensée d'Yves Barel

Geneviève Bollème
Parler d'écrire

John Rawls
Justice et Démocratie

John Langshaw Austin
Écrits philosophiques

Paul Ricœur
Lectures 3
Aux frontières de la philosophie

Marc-Alain Ouaknin
Bibliothérapie
Lire, c'est guérir

Bernard Lempert
Désamour

François Dubet
Sociologie de l'expérience

Jacques Ellul
La Subversion du christianisme

Daniel Sibony
Le Corps et sa danse

Alexandre Luria
L'Homme dont le monde volait en éclats

Tzvetan Todorov
La Vie commune
Essai d'anthropologie générale

Jacques Soulillou
L'Impunité de l'art

Michael Franz Basch
Comprendre la psychothérapie
Derrière l'art, la science

RÉALISATION : PAO ÉDITIONS DU SEUIL
REPRODUIT ET ACHEVÉ D'IMPRIMER SUR ROTO-PAGE
PAR L'IMPRIMERIE FLOCH À MAYENNE
DÉPÔT LÉGAL : SEPTEMBRE 1995. N° 23702 (38073)